英会話はスポーツだ

諏訪邦夫

克誠堂出版

はじめに

『英会話はスポーツだ』というタイトルにたどりついて、「これこそ自分が長く頭の中で考えてきたことだ」と満足感を抱いています。中身ではそう主張しながら、タイトルにすることに思い至りませんでした。

私の時代から現代まで、大学を卒業するまでに英語学習に費やす時間は、だいたい3,000～5,000時間と計算できます。平均毎日１時間として360時間／年ですから10年で3,600時間、毎日２時間なら7,200時間になる計算です。これだけの時間をかけて練習すれば、スポーツや楽器なら楽しむレベルに十分達します。

実際、この勉強で英語を自在に読める方はかなり多いのです。自在ではなくてもなんとか読める人も含めれば、もっと多数います。ところが「話せる」人がごく少ないのは実にもったいないことです。「会話は教わらなかった」から仕方がないとあきらめ、一部の方は「そのうちに留学する機会があれば」と期待しているようです。

本書の狙いは、そのような「あきらめ」や「あやまった期待」に対して、「少し違いますよ」と述べる点にあります。「英会話はスポーツだ。教わろうと受身でいないで自分でトレーニングしよう」というのが論点の中心です。

私は元来医師ですが、大学を定年になったのを機に英語を教えるようになり、それと関連してTOEIC試験も受けました。1937年生まれですからすでに高齢者に仲間入りしていますが、英会話の実力は十分に保っている、と自分では思っています。

学生たちと話してみると、「なんとか英語、特に英会話をマスターしたい」という意欲は随分強いのに、方向をつかんでいません。「英語を勉強する」ことの意味と方法を、学生たちはとらえていません。私を含めて教師たちも細かい技術的なことを教えながら、基本のポイントを逃しているのでしょう。

英語教育の歴史は長く、多数の専門家がいろいろ考え発言し実行しており、私のような高齢になってはじめて英語教育にかかわる、いわば素人の言い分なぞ、専門家からみればチャンチャラオカシイかもしれません。私の手元に、東大教養学部の方々の編纂した英語教科書があります（東京大学教養学部英語教室編，The Universe of English，東京大学出版会，1993）。内容はたいへんに充実しておもしろく、編纂した方々の主張もよくわかりますが、どうみても「東大生向け」、それも「できのよい東大生向け」

です。

そういう状況でわざわざ本書を書く狙いは、英語教育のいわば王道は脇において、別の道をはっきり示したいからです。ひとつは、「英会話」に重点をおいている点ですが、もうひとつ大きな違いは「英語の勉強、特に英会話は、機械的に、楽しく、身体をつかって、快感を感じながら、スポーツと同じように楽しむものだ」という主張です。「身体は疲れるけれど頭は疲れず」、「仕事やほかの勉強の余暇に行うもので、実際にも余暇を利用できる」、「電車の中や道を歩きながらできる」ので、それを伝えたいと思っています。

それからもうひとつ、「英会話に関する迷信を打ち破る」ことも狙います。「若いうちにマスターしないとダメ」、「外国に住む必要がある」、「アメリカに行けば自然に身につく」といった迷信を打ち破りたいと意図しています。

「英会話のアプローチにはいろいろある」というのが私の基本的立場で、いろいろ試みて自分に合った方法、抵抗なく受け入れられる方法をとるようにお勧めします。できる方法を試みているうちに、「自分には向いていない」と思った教材や方法も、実はいつの間にか受け入れられる場合があるかもしれません。「○○が必要」「○○しなければならない」という言い方をなるべく避けるよう努めてはいます。

こんなことを言いながら、私の考えにも独断的な点がきっとあります。いろいろ考え実行したつもりでも、しょせんは自分の経験と学識に基づいて「私はこれがよいと思う」との主張で、読者のすべてにあてはまることはないでしょう。でも、ここで提案しているいろいろなやり方が「ひとつもあてはまらない」ことはないと自信をもって言えます。どなたにも、いくつかはきっとあてはまります。それを見極めて、英会話をマスターする道を探って下さい。

本書が読者として想定するのは、高校生よりはむしろ大学生以上、それに社会人の方々です。このレベルの方々が勉強するにあたってありがたいのは、時間制限が厳しくない点で、3ヵ月後の試験を気にする必要がありません。達成は1年後でも3年後でもよいのです。どの道、英語をマスターするには長い道のりが必要です。ゆっくりと励んでください。

もくじ

第1章

英語を楽しくマスター

1
英語を「楽しもう」

この本は「英会話」を目標にしていますが、第１章はその基礎となる「英語の勉強」自体を目指しています。会話自体の勉強ではなくて、「英語の勉強」ですが、それが会話の基礎になることを知って下さい。

「楽しい」と思おう

「英語の勉強はつらい」、「英語の勉強はおもしろくない」と思っている人がいるかもしれません。

そんなことはありません。「英語の勉強は楽しい」のです。ぜひそう思って下さい。一応、無理にでも思って下さい。そうしないと英語の勉強がこれ以上進みません。

といって、ただ「思え」と言うだけでは、説得力がないでしょう。そこで、「なぜ楽しいか」を説明します。

ここでは私が読者の方々に説明しているのですが、もし読者の方が納得して下されば、読者ご自身が自分や他の方々に説明することになります。

なぜ楽しいか

私が考える「なぜ楽しいか」の理由は、次の3つです。

第一は、「英語とくに英会話はスポーツと同じで、身体で行う」ものだという点です。机に座って学ぶ要素もゼロではありませんが、基本的には「仕事や勉強に疲れたり飽きた時に、気晴らしに行う」もの、「スポーツと同じように、頭ではなくて身体をつかってマスターする」ものという点です。「仕事に飽きたからちょっと気晴らし」というやや消極的なのもよし、「気分を切り替えるために身体を動かそう」という積極的な場合もあるとして、とにかく楽しめます。

第二に、英語がスポーツならそれをマスターするのは当然楽しいことです。今までダメと思っていたことができるようになるのですから。「結果が楽しい」といえるでしょうか。英語をマスターして、本を自由に読んだり、英語で自由に会話している自分をイメージしてみて下さい。楽しいでしょう？

第三に、英語は努力の成果が挙がる、成果が確実に感じられる点が楽しみです。勉強すれば、努力した分だけの成果が確実に挙がります。「いくらやっても身につかない」ということはありません。「働けど働けどわが暮らし楽にならざり」ということはありません。努力しただけの成果が必ずあり、それが実感できます。こちらは、「過程が楽しい」といえましょうか。

この点は、天賦の才に大きく支配される芸能の各領域やスポーツと違います。英語がスポーツに似ているといっても、この「誰でもできる」点は大きく違います。スポーツは、「背が高いほうが圧倒的に有利」、「足が遅いと圧倒的に不利」というものが少なくありません。しかし、英会話の場合、英語国民は誰でも英語を話しているではありませんか。だから元来誰にでもできるはずです。能力は同一ではなくて、マスターするのに速い遅いが少しはあるでしょうが、誰でも基本的にはマスターできる、あたりまえのことです。

楽しければ効果が上がる

スポーツとしてマスターするつもりですから、「楽しく」、「意欲をもって」、そうして「身体をつかって」、「快感を感じながら」やりましょう。そのほうが効果が挙がります。「いやいやながら」、「つらいと思いながら」、「頭で学ぶ」のでは効果が挙がりません。「身体をつかって楽しむ」のなら、つらい感じは少なくてすみます。本当に「楽しい」のです。

はじめはわからなかった文章がわかる、以前には読めなかった本が読めるようになる、前には知らない単語が１頁に20もあったのに今は５つしかない、そうして以前は「話しかけられないように人の後ろに隠れていたのに、今はこちらから積極的に声をかける」などの経験は実に楽しいことです。

英語の勉強が進むと、この本に書いてあることですが、「英語でメモがとれる」ようになり、「英語で議論できる」ようにもなります。ますます楽しいではありませんか。

何でも功利的にばかり考えるのは気に入らないかも知れませんが、でも英語をマスターする効用はたいへんなものです。何しろ英語の情報は量が多いのはどなたもご存知でしょう。

「量が多い」だけではありません。一般に「安い」のです。インターネットを見るとすぐわかるように、無料の情報も多く、しかも質も良いものが多いのです。

この点は、英語を使用する人口が多いのと関係しています。アメリカとイギリスを中心に、カナダ、オーストラリア、ニュージーランドなどを併せると、4億人の人が使っています。他に、インド、フィリピンなどいくつかの国々で、英語が国内で第二共通語として使われています。

使用する人の極端に少ない特殊な言語はもちろんですが、比較的あたりまえと考えられるヨーロッパの言語つまりフランス語、ドイツ語、イタリア語などは、学びやすさと有用性の点で英語にはるかに及びません。話す人がかなり少なくて、いずれも1億人を越えるかどうかというレベルです。

唯一の例外はスペイン語で、人数だけならスペイン語圏の人口の総数は英語圏のそれに匹敵します。スペイン本国のほかにラテンアメリカの大部分で使われていて、それらを併せると３億人を越えますから。

ともあれ、英語をスポーツのように楽しみましょう。これから、その楽しみ方をいろいろと説明していきます。

2 楽しむための情報源

この項目では、勉強する情報や資料のことを述べますが、ポイントは「いろいろな情報や資料を使おう」という点です。理由は2つあり、ひとつは単調では飽きること、もうひとつはいろいろ試すことによって「自分に向いた方法や対象を検討する」ことです。

そう、もうひとつ言えば、「英語」という語学だけではなく、バックにあるその「英語文化」まで少し手に入れようというのですから、多彩になるというわけです。

勉強には資料がいる
── 古いものと新しいものと

勉強には資料が必要ですが、まず手持ちの古い教科書や参考書や辞書などは当然使います。「豆単・でる単」も使いますが、これは別の項目で少し詳しく説明します。

「使い古したものを使いたくない」「せっかくフレッシュな気持ちで勉強するのだから新しいものを使いたい」というのは自然な感情ですから、書店で何か探して買ってもけっこうです。しかし、古いものも捨てないで下さい。こちらも使って下さい。一般論として、一度マスターしたものを思い出すのは、ゼロからマスターするよりもずっと簡単で能率がよいのがふつうです。それに、もしまったくマスターしていないのなら、それは新しいものと同じとも言えます。たいていの場合は、「一部だけ使ったがほとんど手付かず」が多いでしょうから、結局両方の意味で役に立ちます。

一方、新しいもの、使ったことのないものに挑戦したい気持ちがあって当然で、それにも積極的でいて欲しいのですが、ちょっと周囲を見渡せば実にいろいろと手に入ります。

ここでは一応「読む」資料と「聴く」資料を検討します。

読む
―― 本とインターネット

書籍：まず本ですが、少し大きな書店には、英語の雑誌や書籍を扱う部門があります。そういうところには、「英語学習の本」以外に日本人向けの英語の小説や評論、外国の人を対象にした英語の雑誌や書籍などがいろいろ販売されています。図書館にもあります。

なるべく「読めそうなもの」、「楽しそうなもの」を選んでください。日本語の本でさえも、買ったけれど読まないものが多いのです。「読めそうもない」ものは、敬遠しましょう。

【図表1　英語の勉強に使う情報源】

書物
手持ちの古い教科書や参考書
辞書
豆単・でる単(別の項目で説明)
インターネット(小説やエッセイが無尽蔵)
音響を発する源
音楽テープ、ビディオテープ
販売されているCD、DVD
ラジオとテレビ放送
インターネット(声を出してくれるものも少しある)
図書館にある各種の情報源
上記のすべての形式のものが存在

【図表2　情報の内容】

- いわゆる「英会話」の模範
- 各種の小説や詩の朗読
- その他の「語り」、「解説」、「おしゃべり」
- 歌

インターネット：インターネットには英語の小説やエッセイが無尽蔵に掲示されているのを知って下さい。著作権の切れた世界の名作は、ほとんど何でも入手できます。たとえば、Gutenbergプロジェクトというのがずいぶん以前から進行していて、個人でダウンロードして使うのは自由です。この中には、「原語が英語」の作品（シェークスピアやディッケンズなどイギリスの作品、ホーソンやオルコットなどアメリカの作品）はもちろんのこと、「英語に翻訳された他の言語」の作品、たとえば原文はドイツ語やロシア語の英訳も多数掲示されています。

文章だけのものはファイルが小さいので、たとえ長編でもパソコン内の場所もとらないので邪魔にならず、ダウンロードに要する時間もほんのわずかです。遠慮なくどんどんダウンロードしてしまいましょう。

たとえばしばらく前に、『モンテクリスト伯』の英訳版（原文はフランス語）を読みましたが、本にすれば分厚いのが３冊で合計2,000頁にもなりますが、電子ファイルは2.6MBで、大きめの図１枚の量に過ぎません。

聴く
── テレビとラジオ

英語の勉強で重要な方法のひとつが「聴く」ことですが、その資料は手元に大量にあります。ラジオとテレビです。ラジオとテレビは、英語の情報を大量に垂れ流しています。

テレビの二ヶ国語放送の副音声は、英語の場合が圧倒的に多いことを知ってください。教育放送の番組は特に多いようです。

ラジオは、米軍の放送（東京周辺なら810KHz）

があり、さらにNHK第二に英会話の時間があり、さらに各地に英語放送の多いFM（東京ならInterFMとJ-WAVE）や放送大学があります。

そんな放送をただ聞き流してもけっこうですが、後で詳しく説明するように一部録音すると有用度が増し、それを個人的に使用するのは自由です。

商品になっているCD、テープ、DVDなども数知れません。

図書館を利用しよう

資料を手に入れるにあたって、「図書館を利用する」ことを知ってください。学校の図書館も町の図書館もいろいろに利用できます。

図書館にはどんなものが所蔵されているでしょうか。どんな小さな図書館でも、少数ながら英語の本が必ずあります。少し大きな図書館ならテープ、CD、ビディオ、DVDなどもあります。「英語で歌おう」という子供向けのCDやテープもあります。

ふつうの図書館では「英語の本」は多くはないでしょう。でも、たくさんは必要ありません。少しで役に立ちます。もちろん学校や大学の図書館なら英語の本もいろいろあるので、そういうところに縁があって使えるならぜひ利用しましょう。

こういう資料は、図書館の中で使用するだけでなく、借り出して一部コピーしたり録音することも可能な場合もあります。使ってみて「どうしても欲しくなれば買う」という方針にしてはいかがでしょうか。そのようにして選んだものは、有用性が高いものです。気に入っているのですから、長く使います。それだけマスターしやすいと言えます。

資料を「全部自分で購入する」という精神もそれなりに利点が多く、敬意も払いたいと思いますが、一方で「いろいろと漁ってみる」、「結局は役に立たないかもしれないが一応使ってみる」という拠り所があるのは便利です。図書館を利用しないのはもったいないと思います。

図書館員の能力を利用させてもらう

自分の経験ですが、図書館職員の人たちに感心する点が3つあります。親切な点、物知りな点、それに資料の探索に熱心な点です。本をはじめ各種の資料に関して、訊ねればていねいに教えてくれて、実によく知っており、頼めば注文を聞いてくれます。

たとえば、「これこれの資料が見つからないのだが」と訊ねると、どこを探すべきか教えてくれたり、場合によっては探し出してくれます。あるいは、その資料を入手する方法を調べてくれます。それはこの方々の仕事なのかも知れませんが、私は感心させられることが多くありました。単に「仕事」ではなくて、そういう事柄に熱意を持っていたり、本当にお好きなのだろうなという印象を抱きます。いくつもつきあってきた大学の図書館はもちろん、病院の図書室も、最寄りの町の図書館（私の場合は武蔵野市立図書館と隣接の三鷹市立図書館）に対しても同じように感心しています。

図書館の唯一の欠点は、映像資料（ビディオ、レーザーディスク、DVD）の貸し出しが厳しい点ではないでしょうか。勉強には音声があれば映像はいらないのですが、せっかくの優れた英語の資料が、このために使いにくいのが残念です。

3
CDを1枚

資料が気に入ったら

本はもちろんですが、ここでは「CDを１枚手に入れる」ということを述べます。

資料はいろいろ漁りましょう。全部がっちり勉強するのは不可能ですし不必要ですが、その中の少数に限ってはしっかり使いましょう。つまり大多数はちょっと眺めるだけ、聞き流すだけですが、ごく少数の資料を選び、それを繰り返し読んだり聴いたりします。本の場合はしっかり読むには時間がかかりますが、CDを聴くのは１枚が１時間前後ですから何度も聴けます。テープでもかまいませんし、CDをテープにしてもけっこうです。とにかく「気に入ったものを100回聴く」ようなつもりで聴きます。「気に入ったもの」というのがポイントで、それならつらいどころか楽しく聴けます。こうして本気になって使う気になったら、購入して自分のものにしたほうが、情報自体も自分のものになりやすいと思います。

音声情報の「内容」

「何回も聴いて楽しむ」のは、いわゆる「英会話のテープ」もいいでしょう。もっとも、私の個人的な意見は少し違います。いわゆる「会話のテープ」として作られたもの、つまり「お店でのやりとり」、「駅での切符の買い方」、「道を訊く」などという内容のものは「おもしろくない」「何度も聴く気がおきにくい」と私は感じます。その実用性には疑いもありませんが、ああいうものは「知力のある人間が百回聴いて楽しむ」ものになりにくいというのが私の実感です。

それよりも内容自体がおもしろいもの、自分が興味を持つもののほうが勉強しやすいのではないでしょうか。内容は個人個人で違うはずですから、個人の趣味に合わせます。

私の場合は、小説や詩の朗読、医学や科学の解説、それに自分の趣味である音楽の解説などがそうした意味での対象になっています。音楽解説に関していえば、バーンステインのもの（運命・英雄・幻想各交響曲の解説、『ジャズとは何か』、『動物の謝肉祭』と『ピーターと狼』）や有名な伴奏者のムーアが「伴奏とは何か」を語ったものなどが繰り返し愛聴する資料です。バーンステインのものはCDになっていて、現在も入手可能です。

『動物の謝肉祭』『ピーターと狼』『青少年のため

の音楽（ブリテン）』などは、いろいろな人が英語で入れていますから、カタログや図書館で調べればわかるでしょう。小説の朗読は図書館にあり、大きな書店でいろいろ入手できます。

それを聴いておもしろければ、ノートをとってみるのも可能であり、さらにおもしろければ全文を書き取ってみることもできます。

資料は無限

テレビの二ヶ国語を副チャネルにして録画すれば、資料は無限です。ビディオテープやDVDでも同じことができます。

内容に関しては、一般の映画はもちろんですが、ミュージカルやドキュメンタリーもこの役に立ちやすいと私は感じます。日本語の字幕は不要です。そうして気に入ったら、音声だけ録音して勉強に使います。私の好きな例は、“Sound of Music” や “West Side Story” のようなミュージカルものですが、それは自分の好みで選んで下さい。

4

歌を楽しもう

「歌」は楽しい

英語の勉強の中で、「歌」のことは通常あまり強調されませんが、とても楽しいのをご存知でしょうか。私自身が人並みはずれて音楽好きなので、少し特殊ではありますが…。

英語の歌にはなじみのものが案外多くあります。タイトルだけではわからなくても、メロディは聴きなれているものが多いと思います。少し例を挙げてみましょう。

マザーグースはイギリスの古謡で、作者の不明なものもあるようですが、『メリーさんの羊』、『ロンドン橋落ちる』、『きらきら星』、『ジャックとジル』などはおなじみの曲です。

スコットランドやアイルランドの民謡では『蛍の光』、『夕空晴れて』、『アニーローリー』、『スコットランドの釣鐘草』などがあります。

アメリカの古謡では、フォスターの作品に『草競馬』、『おおスザンナ』、『スワニー河』、『オールドブラックジョー』、『ケンタッキーのわが家』など知っているメロディが多く、他の人の作品も多数あります。

ビートルズはもう古典に入りますが、それよりずっと新しいものも数知れずあります。種類が実に多くて、どんな趣味の方にも好みの歌がみつかるでしょう。「ミュージカル」は、元来がアメリカ生まれですから、英語のものが圧倒的に多くなじみの歌の宝庫です。

日本語でなじんだ歌の原詩を楽しむ

前項にタイトルを挙げた歌は、メロディはご存知でしょうが、歌詞は日本語で馴染んでいるものがほとんどのはずです。そこで、原語の英語を知って別の楽しみ方を試みましょう。聴くだけでも楽しいし、自分で歌えればもっと楽しいので、「覚えて歌えるようになる」というのは重要な要素です。

他人に聴かせる必要はないので、デタラメでもいいけれど、できることならちゃんと歌うほうが気分がよいのは当然です。そうすると歌詞をみて勉強したくなります。歌詞は図書館かインターネットで必ずみつかります。

そうしたら、歌詞も「英語の教科書として」勉強に使いましょう。ここにはひとつの例として、"Grandfather's Clock" を載せます。2002年に、平井堅さんが『大きな古時計』として日本語の歌詞で歌ってヒットさせました。

できれば、CDかテープを手に入れて聴いてみて下さい。図書館でもお店でも、おそらく「子ども向け」のところにあります。

■GRANDFATHER'S CLOCK ── 大きな古時計

My grandfather's clock was too large
for the shelf,
So it stood ninety years on the floor;
It was taller by half than the old man himself,
Though it weighed not a pennyweight more.
It was bought on the morn of the day
that he was born,
And was always his treasure and pride.
But it stopped short, Never to go again,
When the old man died.

＊Chorus

Ninety years without slumbering,
Tick, tock, tick, tock,
His life seconds numbering,
Tick, tock, tick, tock,
It stopped short, Never to go again,
When the old man died.

In watching its pendulum swing to and fro,
Many hours had he spent while a boy;
And in childhood and manhood

the clock seemed to know,
And to share both his grief and his joy.
For it struck twenty-four when he entered the door,
With a blooming and beautiful bride.
But it stopped short, Never to go again,
When the old man died.
(＊Chorus)

My grandfather said,
That of those he could hire,
Not a servant so faithful he found;
For it wasted no time, and had but one desire,
At the close of each week to be wound.
And it kept in its place,
Not a frown upon its face,
And its hands never hung by its side.
But it stopped short, Never to go again,
When the old man died.
(＊Chorus)

It rang an alarm in the dead of the night,
An alarm that for years had been dumb;
And we knew that
His spirit was pluming for flight,
That his hour of departure had come.

Still the clock kept the time,
With a soft and muffled chime,
As we silently stood by his side.
But it stopped short, Never to go again,
When the old man died.

（＊Chorus）

簡単な歌ですが、検討してみるとおもしろいことにいくつか気づきました。

原詩の「90年」が日本語では「100年」になっています。（大きな古時計／訳詞 保富庚午、JASRAC112-7686-0）もちろん訳詞の語調を整えるのが狙いでしょうが、みごとな変更と感じます。

原詩で韻を踏んでいる箇所を数えてみると、“floor”と“more”、“boy”と“joy”、“slumbering（休む）”と“numbering”、“hire”と“desire”、“night”と“flight”、“shelf”と“self”、“morn”と“born”、“found”と“wound”、“place”と“face”、“time”と“chime”と脚韻が10組も見つかりました。

そんなのを探すのも楽しみです。

5

耳と口とそれに「手」も使おう

英語は、読解だけなら眼と頭で学びますが、会話ではもちろん耳と口も使います。耳で聴き、口で話すからです。ですから、耳と口も使いましょう。耳で聴いて、それを口に出すようにします。その際に、なるべく頭を使わず、「聴いたことをそのまま口で言う」ようにして下さい。そうすると、英語が「口のスポーツ」になります。この問題は本書のポイントなので、これからいろいろな場面で詳しく説明します。ここでは、それだけでなくて「手」も使って、さらにうまく進めようということをお話しします。

手で書く

事をマスターするのに、「書いてマスターする」のは古来行われてきている方法です。「写経」とか「四書五経を筆写する」などがその例です。「読む」のと「書く」のとは頭の働き方が違うので、両者を組み合わせることによって、不足を補い合ったり記憶を強めるのではないでしょうか。

中学・高校時代には文章を作るためではなくて、覚えたり理解したりするために筆写したという方も少なくないでしょう。それをもっと大量にやってみようというのが、ここで述べる提案です。具体的には「(英語の) ラジオやテープや聞きながら英語でメモをとる」とか「日本語を聞きながら英語でメモをとる」というようなことです。

「手を使う」という効用からすると、聴きながらパソコンのキーを打ってメモするやり方もあります。それができるには、キー入力がある程度上手で高速なことが条件ですが、キー入力は筆記より高速ですから、これができるなら英語のレベルがかなり高い証拠でもあります。

ゆっくりでよいので、キーを打って英語を綴ってみましょう。資料としては、たとえば気に入った文章を写してみます。

タイプライターの練習で英会話が上達？

私自身が「手を動かして英会話をマスター？」という気持ちになった経験を述べます。24歳で医学部を卒業して研修医（当時のインターン）になった時のことです。タイプライターは当時は高価で、インターンが夜に働いて稼いで買おうとすれば100回くらい当直する必要がありました。その高価なタイプライターを、指導者の先生が練習用にと私たちに開放して下さり、はじめてタイプライターを練習しました。毎日１時間くらい１ヵ月ほどまじめに練習して打てるようになると嬉しかったものです。当時英会話の勉強もしていたのですが、その後で、「英語を話すのが楽になった」と感じました。

「タイプライターを打つのが楽しくて、英文をたくさん写したので英語力もついた」のが理由でしょうが、それだけでなく手で書いたりタイプを打ったりする際に、頭の中で英語を作っているからではないでしょうか。

手を動かすことが、語学をマスターするのに役立つことは科学的な証拠もあり広くみとめられています。

アメリカの秘書の資格とパソコン

1960年代の半ばにアメリカで3年ほど生活しましたが、当時大変に印象強かった事柄のひとつが、「口述筆記」の習慣でした。文章をテープに録音すると、秘書のお嬢さん（おばさんの場合もありました）がそのテープを聴きながら、タイプして文章にしてくれるのです。ついでながら日本人の私は口述がへたで、当初は嫌われました。とにかくこの「口述筆記」は、私がいた病院環境だけでなくビジネスの場面でも大きな働きをしていて、日本からの訪問者が驚いていたのを覚えています。

当時は、「タイプライターがじょうず」で、「人が話すことをタイプできる」のが秘書の重要な資格だったようです。

今ではパソコンのおかげで、誰でも自分で文章を打てるようになったので、秘書を頼む必要がなくなりました。問題は速度よりも「間違えるか否か」が重要です。タイプの時代には、重要な書類に１文字でも間違いがあるとその頁は全部打ち直しになりました。ですから、「絶対に間違えない」能力は価値が高かったのですが、パソコンなら間違えてもかまいません。ですから、特殊能力は不要で誰でもできます。

それが何をもたらしたでしょうか。「口述筆記」の需要が減って「秘書の首切り」が起こり、一方で「秘書の仕事」に変革が起こりました。パソコンをじょうずに使いこなすのも、重要な要素のひとつですが、資料を秩序立てて整理する、仕事の手配をするなど本来の秘書の仕事が重視され、「タイプを打つ」という単純作業の重要度が低下したのです。

パソコンのお蔭で誰でも英語が打ちやすくなりました。それが日本人にもあてはまるのはいうまでもありません。ぜひ、利用しましょう。

6
「苦しみ」はひとつだけ：単語
― 単語を楽しく覚える ―

英語の勉強は総じて楽しいものですが、「単語を覚えるのだけは苦しい」という気持ちではないでしょうか。私自身にも、それに賛成する気持ちも少しあります。

ところがありがたいことに、単語を覚えるのはC/Pつまり努力/効用比が大きい点を知って下さい。少ない努力で効用が大きく、割が良いのです。

理由はこうです。単語をまとめてたくさん覚えると、次に文章をみたときに「これは知っている」という単語が急に増えます。逆に言えば、知らない単語が大幅に減ります。それが「英語なんて怖くない」という気分にしてくれます。「覚える」努力はちょっとつらいけれど、努力の効果がはっきり現れて、自分自身にわかるので、励みになって次の努力もしやすいのです。

Ⅰ．やり方の基本

単語を覚えるには、「豆単を覚える」ことにします。辞書ではなくて、「豆単」を使います。ところで、「豆単」とは、次のような特徴の本の総称です。

ａ．本格的な辞書ではありません。収録単語数が少なくて最大でも5,000語程度、ものによってはもっと少なくて、2,000〜3,000語くらいのものもあります（辞書は小さなものでも３万語くらい載っています）。

b．解説や説明が少なく、対応する日本語が少ししか書いてありません。

c．頁数も少なく値段も安く、高いものでも1,000円以下です。

d．本の作り方として、英語の欄と対応する日本語の欄が分かれていて、一方を隠して勉強できるように作られている場合が多いようです。

e．一般に辞書よりも文字が大きいようです。

代表的なのは旺文社の『英語基本単語集』というもので、500円余りで売られています。「赤尾の豆単」とも愛称され、赤尾好夫氏という旺文社の創立者が自分で書き、現在では他の方が改訂しています。

「赤尾の豆単」でなくても、もちろんかまいません。類似の商品がいくつもあります。

Ⅱ．実際のやり方

この豆単を開いて直接覚えてもいいのですが、私の勧めるやり方は次のようにします。

豆単を開いて、知っている単語は省き、知らない単語の英語部分だけを紙に抜き書きします。使う紙は、A4くらいの白紙か、ルーズリーフ紙を使います（図表３）。

【図表3　英単語を楽しく覚える】

英単語：T　（Tのほぼすべて約100語）

tackle
tactic
tangible
tap
tariff
taste
tax

tea
tear
technique
technology
temper
temperature
temporary
template
tend
tension
term
terrible
terrific
territory
terror
testimony

thank
theatre=theater
thief
theme
theology
theory
therapy
there
therefore
thermometer
thesis
they
thick
thin
third
thorough
thought
threat
thrive
through
thunder

ticket
tickle
tie
tight
tissue

token
tolerate
tongue
tool
tough
tourist

trace
track
trade
tradition
traffic
tragedy
tranquil
transaction
transfer
transform
transmit
transparent
transplant
transport
trap
treat
treaty
tremendous
trend
trial
tribe
trim
triumph
trivial
troop
tropical
trouble
true
trust
try

type
typical
tyranny

このくらいのサイズの紙なら、1行に30〜35語程度書けるので、それを3行書くと100語になります。つまり、1頁に単語が100語ならびます。

その際に書くのは英単語だけで、日本語を書かないでおきます。それを、時間のある時にちょっと眺めます。たぶんわからない単語が多数残っているでしょうが、わかる単語もあるはずです。それを繰り返します。「覚えたつもりだったが、実は覚えていない」というのは豆単を参照して意味を確認します。この作業を繰り返します。途中で、たとえば7割ほど覚えて、知らない単語が30語に減ったら、その30語の表をつくり直して覚えます。

こうして5日か1週間かければ、その100語は覚えられます。ですから、それを30回やれば3,000語覚えられます。作業をはじめる前にすでに1,000語知っていたとすれば、今回覚えた単語と併せて合計4,000語覚えることになります。つまり、半年くらいで豆単をマスターできます。

Ⅲ. 進める

これを30回でなくて100回やれば1万語マスターできる計算ですが、豆単には1万語は載っていません。だから3,000語か5,000語で、このやり方は卒業です。

ただし、このやり方では訳語の種類は1種類か2種類しか覚えていません。それでも、単語と対応する日本語をひとつ覚えただけで、しっかりした手がかりになります。これによって知らない単語が減り、辞書を引く回数もずっと減ります。

このやり方の絶対的な利点は、単語を覚えることによって辞書を引く回数が大幅に減って、文章を読んだときに大体の意味が把握できるようになり、文章を読む速度がますことです。さらには１頁の文章をざっと眺めて、「大体の意味がとれる」ので「読んだ気」になれます。そうすると、文章を読むのがずっと楽しくなります。

Ⅳ．辞書は非能率

私はここで、「単語をまとめて3,000語ほど覚える」というやり方を勧めています。理由はいくつもありますが、一番重要なのは「辞書を引かないで読みたい」点です。

単語を調べるのに「辞書を引く」のは、時間を要して能率が悪いのですが、時間や能率だけでなく辞書を引くと「リズムが損われる」「楽しみが損われる」のも重大です。

文章を読みながら「辞書を引く」のを、スポーツに比べてみましょう。読みながら「辞書を引く」のは、スポーツをする際にやり方がわからないので活動の途中で参考書や規則の解説書を読むようなものです。野球の１イニングに10回も中断があったら野球になりません。スキーで１kmのスロープを滑り降りるのに10回も転んだり止まったら、「滑る快感」など沸かず、「スキーが楽しい」どころか「スキーは苦痛」になるでしょう。

文章を読むのに、単語を知らないで辞書を何回も引くと楽しみを損なうので、なるべく少なくしたいのです。

ついでに言えば、文章からわからない単語を拾い出して辞書で調べてから、おもむろに読みにかかる方法もあり、それも有用ですが、それよりも前に「あらかじめ単語を覚えて」辞書を引く必要を減らしてしまうのがポイントです。

V. 辞書を引く意味

そうやって単語の意味を覚えても、辞書を引く頻度は大幅に減りますがゼロにはなりません。そもそも、辞書は知らない単語を「調べる」ために引くのではありません。もちろんそうした意義を絶対的に否定しませんが、それよりも頻度が高いのは「一応知っている単語なのに、自分の知っている意味では、文脈が通じない」という場合に辞書で調べるので、実際そうやって辞書を引くと、まったく違う意味があることが少なくありません。

私が最近まで知らなかった表現

ちょっと恥ずかしいことですが、私自身が割合に最近まで知らなかった例をひとつ挙げます。他のところで紹介した『大きな古時計』の原文に“stop short”という表現が何度も出てきます。日本語では、「今はもう動かない」と歌うか所です。

“short”は一番多い使い方の意味は「短い」で、「背が低い」とか「不足」という意味にもなります。品詞は形容詞か副詞です。しかし、上記の表現はそれでは意味が通じません。それで念のために辞書を引いたところ、この単語の副詞の部分のトップに「突然」という意味が書いてあり、しかも“stop short”という慣用句が実例として出ていて、「突然止まる」という訳語も出ていました。したがって、使用頻度も高いらしいのです。まったく知らなかったことで驚きました。

なぜ「豆単自体でなくて」別の紙に書くか

「なぜ豆単自体で覚えないで別の紙に書くのですか」という質問を受けましたが、この理由は簡単です。少し勉強すると、豆単のリストに知っている単語が多くなります。そういう状態で、豆単自体を使うと既知の単語がジャマになります。ですから、「豆単そのものを使う」のもいいけれど、抜き書きも使うほうが知らない単語を覚えやすいのです。「最初は豆単自体を使い、ある程度勉強が進んだら抜き書きで」でもかまいません。

なぜ「カードでなくて」1枚の紙に100語も書くか

上記の単語暗記法で、私は1枚の紙に100語も書く方式を紹介していますが、読者によっては「カードを使うほうが合理的ではないか」、「カードをなぜ使わない？」と疑問に思うかもしれません。

実のところ、私もカードでもいいと思います。「カードはいけない」という強い否定の気持ちはありません。

私が上記の方法を薦めるのはこんな理由です。まず、なんといってもカードより作成が簡単です。どこにでもある紙に書くのですから。もうひとつは使いやすさで、カードをいちいちめくるより、1枚の紙の上で視線をずらせていくほうがずっと高速にできます。

自分の経験ですが、カード式は「カードを作ることが自己目的になりやすく、後で案外使わない」という印象を抱いています。「作る時点で記憶する」というのは重要な要素である点は認めますが、カードを使うのは内容がもう少し複雑な勉強の場合で、それならカードが有利です。例えば「短文を覚える」のなら、カード１枚に文章ひとつが有用かもしれません。しかし、単語それも「豆単で意味をひとつだけ覚える」にはカードは大げさすぎると考えます。上記の紙は明らかに「消耗品」ですが、わざわざつくったカードは「消耗品」として捨てる気にはなりにくいでしょう。

カードの利点

そうは言いますが、カードには上記の方式では達成できない大きな利点があります。「逆に使える」点です。カードを作って英語→日本語を覚えたら、カードを裏返して日本語→英語に使って下さい。そうして「やっとなんとか思い出せた」というのでなくて、「高速で思い出せる」ようにトレーニングして下さい。

7

短文を覚えるのは楽しい

英語を書いたり話したりするには、「短文をたくさん知っている」ことが必要です。そのためには、そういうリストを作って覚えます。覚える短文としては、諺や詩の一節が適切で、文法的な内容を含み、使い道の多い表現の単語や言い回しが加わり、しかも文章としてもおもしろいものが一番望ましいと思います。

覚える際は、ぜひ読んで声に出し、また手をつかって書いて（あるいはキーを打って）覚えて下さい。身体を使って覚えてください。そのほうが楽しく覚えられるし、後で会話の際に応用しやすくなります。

内容自体は、専門の英語の教科書や参考書に任せますが、ここにも例を少しだけ挙げましょう。

①単文だが少し面倒な言い回しの例

"too〜to"「〜過ぎて、〜できない」

I am **too** obese **to** run a long distance.

僕は太っているから長距離走は無理だよ。

"so 〜as to"「たいへん〜で、うまく行く。」

He is **so** strong **as to** lift his girlfriend.

あいつは凄い力持ちで女の子を持ち上げてしまうんだ。

"too〜to" は否定に使うのに対して、"so 〜as to"

は肯定に使います。対にして覚えましょう。

②比較級と最上級、別な言い回しを使う言い方

「アメリカは世界一裕福な国だ」というのを

原級で…No country is **so** prosperous **as** the US in the world.

世界でアメリカほど裕福な国はない。

比較級で…The US is **more** prosperous **than** any other country in the world.

アメリカは世界のどの国よりも裕福だ。

最上級で…The US is the **most** prosperous country in the world.

アメリカは世界で一番裕福だ。

あえて、違う日本語に書きましたが、内容はまったく同一で、ニュアンスの差はごく小さいようです。

③進行形や現在完了の使い方

進行形で「意志」をあらわす…I am coming soon.「すぐ行くよ」という意味。

現在完了…Spring has come.「ようやく春だ」という気持ち。

④覚える文章は、構造的にも「単文」が望ましいが、ほんの少しだけ複文も覚えましょう。

a.「命令+and：～せよ。そうすれば…」

Train yourself to write English faster, and you will be able to speak it more freely.

英語をより速く書く練習をすると、自由に話せるようになる。

「命令+or：～せよ。さもないと…」

Train to write English fast, or you will never be speaking it fluently.

英語を速く書く練習をしなくては、楽に話せるようになんかならないよ。

上記の2つは、基本的に同じ意味のことを別の言い回しで述べている。

b．“think”、“hope”、“say”、“I am afraid” などで “that” につながる文章の言い方を知ろう。

I do not **think that** English is so important as the mother tongue.

日本語の意味は、「英語なんて母国語ほど重要ではないと思う」ということで、「英語は母国語ほど重要だとは思わない」と訳すとニュアンスが少し違う。

I am afraid that that company will bankrupt soon.

あの会社はもうすぐ破産するんじゃないかな。

“bankrupt” という悪い事態を予測するので、“I am afraid that” という言い方になる。

c．言い訳の複文

I will succeed in it next year, **though** I failed this year.

来年はきっと合格するぞ。今年はダメだったけれど。

d．理由の説明などの複文

My English is poor, **because** I have never

studied it seriously.

僕の英語はダメさ。何しろまじめに勉強したことがないんだから。

いずれも主文を前に出している。このほうが明快になりやすい。

e．時間の関係を表す複文when，while，as soon as

You can't take it with you **when** you die.

(財産は) 墓場までは持って行けない。

Strike the iron **while** it is hot.

Strike **while** the iron is hot.

(どちらもつかう) 鉄は熱いうちに打て。

You have to report it to the office **as soon as** you find the accident.

事故をみつけたらすぐ本部に知らせること。

I will finish it **before** you know it.

あっという間に終わらせるさ。

f．場所の関係を表す単語とおもしろい表現

Where there is a will, there is a way.

意志あるところ道あり。(精神一到何事かならざらん)

Where are we now?

どこまで話したっけ？（どこまで済ませたっけ？）

Where do you come from ?

お国はどちらですか？

I visited New York and Philadelphia, and I do not remeber **where** else.

ニューヨークとフィラデルフィアへ行った。あと、どこへ行ったか忘れた。

⑤関係詞

関係詞（関係代名詞、関係副詞など）を後ろから訳す場合もあるが、前から訳すべきことも多い。

Tokyo is the city **where** I was born and grew up.

東京は私が生まれ育った町です。

I got to Tokyo station in the morning, **where** I finished my breakfast.

朝、東京駅に着いて、そこで朝食を済ませた。

二番目の文章はただ時間経過を示しているだけで、「朝食を摂った東京駅」ではない。

This is Mr. Sato **who** wants to talk to you.

佐藤さんを紹介します。あなたにお話ししたいことがあるそうです。

Mr. Sato, **who** commutes to Tokyo by Shinkansen, lives in Mishima.

佐藤さんは東京へ新幹線で通勤しているが、住んでいるのは三島だ。

これも住居と通勤を示すだけで、「新幹線通勤の佐藤氏」ではない。

- 面白い表現

  I met John and Nancy, and I forgot **who** else.

  ジョンとナンシーに会った。あと、誰に会ったか忘れた。

I **kind of** like her.

あの人のことは、まあちょっと好きだ。

⑥諺の例

諺の例を少し挙げます。読者の方は自分で気に入ったものを探して覚えて下さい。必ず有用です。

A **A penny saved is a penny earned.**

ちりも積もれば山となる

An apple a day keeps the doctor away.

りんご一日一個で医者要らず（dayとawayが脚韻ですね。）

All roads lead to Rome.

すべての道はローマに通ず

B **Better late than never.**

遅くれても、やらないよりはよい

Birds of a feather flock together.

類は友を呼ぶ

Be it ever so humble, there is no place like home.

どんなに粗末でも、自分の家はいいものだ（「埴生の宿」の歌詞の冒頭部分）

C **Cross the stream where it is the shallowest.**

チャンスをつかめ

D **Don't cry over spilt milk.**

覆水盆に返らず

E **Early bird gets the worm.**

早起きは3文の得

Every rule has its exception.

例外のない規則はない

F **First come, first served.**

早いもの勝ち

G **Good eating deserves good drinking.**

酒を飲むなら食事もしっかり

H **History repeats itself.**

歴史は繰り返す

Honesty is the best policy.

正直は最善の策

I **If you can't beat them, join them.**

やっつけられないなら仲間になってしまえ

L **Long absent, soon forgotten.**

便りしなければ忘れられる

M **Marry in haste, and repent at leisure.**

急いで結婚、永く後悔

N **Necessity is the mother of invention.**

必要は発明の母

Never put off till (until) tomorrow what you can do today.

今日できることを明日に伸ばすな

No news is good news.

便りのないのはよい便り

Nothing ventured, nothing gained.

虎穴に入らずんば虎児を得ず

O **Out of sight, out of mind.**

去る者は日々に疎し

P **Practice makes perfect.**

練習が完璧を作る

R **Rome wasn't built in a day.**

ローマは一日にしてならず

Rules are made to be broken.

規則はやぶるもの

S **Strike while the iron is hot.**

鉄は熱いうちに打て

T **Talk of the devil - and the devil appears.**

噂をすれば影がさす

The grass is always greener on the other side of the fence.

隣の芝生は青い（青くみえる）

The way to a man's heart is through his stomach.

将を得んとすれば馬を射よ

Too many cooks spoil the broth.

船頭多くして船、山に上る

Truth is stranger than fiction.

事実は小説よりも奇なり

V **Variety is the spice of life.**

人生はいろいろあっておもしろい

W **When in Rome, do as the Romans do.**

郷に入れば郷に従え

When the cat's away, the mice will play.

鬼の居ぬ間に洗濯

Y **You can't take it with you when you die.**

（財産は）墓場までは持って行けない

8

小説に1冊挑戦しよう

長い小説を何か読んだことがありますか。すでに経験があればそれでいいので、この項目は跳ばしてもけっこうです。

授業の読み方はていねい

通常の学校での授業では、「長い小説１冊を通読する」ことをふつうはやりません。教科書は、エッセイか小説の一部をていねいに読むのがふつうです。小説を読むとしても、短編を数ヵ月かけて読むでしょう。

それはそれで有用ですが、ここでは「もう少し長いものを、もっと短い期間に読む」ことを自分で試みることを提案します。なるべくやさしい内容のものを選んで、あまり辞書を引かずに高速で読みます。「高速」といっても、１時間で読むとか「速読」のことを言うのではありません。せいぜい数日とか、２週間というような期間を意識しています。分量も、長編でなくてもいいのですが、せめて中篇、数十頁のものに挑戦して欲しいと思います。

以前は「ポルノ」が切り札

私が若かった時代には、このようにして読む対象として「ポルノ」という切り札がありました。当時の日本は性描写の制限が厳しくて、しっかりと記述したものがありませんでした。「ベッドに入るところで終わって、次のシーンは翌朝になっている」のがふつうでした。

ところが、英語ならそれがしっかり描写してあったので、それを手に入れて一生懸命に読んで、もちろん楽しみましたが「英語を学ぶ力」になったと当時も感じました。ローレンスの『チャタレイ夫人の恋人』も例のひとつですが、あれほど文学的な香りの高いものでなくて、もっとふつうのポルノが多数ありましたから。もっとも裏話をすると、通読せずに「面白いところだけ」探すようなこともよくやりしたけれど。

今は日本語の本で優れた性描写がいくらでもあるので、英語のポルノに特別な魅力はありません。このアプローチは使えません。

インターネットなどの電子情報

ところが現代には、私の時代には存在しなかった素晴らしい媒体があります。インターネットです。著作権の切れた作品がどんどん電子化されて、かなりの分量がインターネットで無料で入手できます。日本の作品も「青空文庫」(http://www.aozora.gr.jp/)をはじめとしていろいろな掲載されていますが、英語の作品はもっとずっと大量です。

一番有名なのは“Project Gutenberg”というもので、“http://promo.net/pg/”などがあります。他にも下記のようなものがあります。

- http://www.literature.org/authors/
- http://www.literatureclassics.com/

こういうサイトに掲示されているものは、自分で探して個人的に使うのは自由です。ただし、他人への配布は制限されている場合も少なくありません。

ちなみに、著作権は作者が死んで数十年たつと切れます。この点、特許などよりはずっと長いのですが、それでも19世紀までの作品はほとんどすべて切れており、20世紀の作品でさえ、前半なら切れているものも少なくありません。

翻訳についても同じで、ギリシャ時代、ローマ時代の古いものはもちろんですが、トルストイやドストエフスキーのようなロシアのもの、フローベル、スタンダール、ユーゴー、デュマのようなフランスもの、ゲーテ、シラー、グリムのようなドイツの作品など、いずれも古い時代に英語に翻訳されていて、翻訳の著作権も切れています。私は、ロシア語はもちろんですが、フランス語も満足には読めないので、たとえばジュール・ヴェルヌやデュマの作品に魅力を感じます。長編『モンテクリスト伯』を日本語で読もうとすると重い本を抱えねばなりませんが、英語版電子ファイルでは3MB弱で、あの血沸き肉踊る気分を味わえます。ノートパソコンのほうが軽い位ですね。

お薦めの作品

まず短編なら『イソップ物語』やアンデルセンの童話（の英訳）を高速でいくつか読んでみて下さい。それから、オスカー・ワイルドの『幸福な王子』をはじめとする童話も推薦します。

コナン・ドイルはほぼ全作品が手に入るので、ミステリーの好きな方は挑戦してみて下さい。ただし、あの文章はけっこう曲がりくねっていて、単語もむずかしいので強くお薦めはしません。それでも、推理小説好きですでに翻訳で読んで内容を知っていれば、「なるほど英語ではこう書いてあるのか」と対比する楽しみはあります。

長編として私が薦めたいのは３つ、トウェインの『トムソーヤーの冒険』（“The Adventures of Tom Sawyer”）とデフォーの『ロビンソンクルーソー』（“Robinson Crusoe”）、それに女性の読者にオルコットの『若草物語』（“Little Women”）です。いずれも、内容が素晴らしく、英語も読みやすいものです。オルコットは、女性に限る理由は特にありません。

念のためにひとつだけ追加します。日本語の本でも同じことが言えますが、読みはじめはつらくても読み進んでいくうちにだんだん楽になってきます。それどころか、最後は内容に引き込まれて、「もうこれだけしか残っていないのか」と残念に思うかもしれません。日本語で読んだことのない作品ならもちろんですが、すでに読んで筋を知っている場合でさえ、リズムが合ってきて楽しめること請け合いです。

挑戦するものは

他にも長編はいろいろあり、スティーブンソンの『宝島』や『ジキルとハイド』、スウィフトの『ガリバー旅行記』、キャロルの『不思議の国のアリス』と『鏡の国のアリス』、ディッケンズなら『クリスマスキャロル』は手ごろですし、大長編『デイヴィッドカッパフィールド』も挑戦可能です。SF好きの方には、ウェルズの『タイムマシーン』などもあります。

翻訳ものもたくさんあります。いずれも日本語よりは原語に近い気持ちで読めます。ヴェルヌの『海底２万海里』や『80日間世界一周』、トルストイにも『クロイツェルソナタ』という中篇もあり、長編がお望みなら『戦争と平和』も『アンナ・カレーニナ』ももちろん手に入ります。同様な大長編としては、デュマの『モンテクリスト伯』もユーゴーの『レミゼラブル』もあります。

小説とは限りません。ゲーテの『ファウスト』も、ルソーの『告白録』も、フロイトの『夢の解釈』も、ダーウィンの『種の起源』と『ビーグル号航海記』も、すべて入手可能です。

以上の文章では、インターネットで入手してパソコンでそのまま読むことを前提にしていますが、もちろん印刷の本で読んでもかまいません。ここに挙げたものは、外国作品の英訳本は別として、原作が英語の作品はどれも入手は容易で、特に高価なものはありません。

新しい翻訳書を原書で

英語を読みなれると、翻訳書で読みたいものがある時、たとえば新聞や雑誌の書評が魅力的な時に、原書が英語ならそちらを探して読むという手順も踏めます。内容によりますが、翻訳のでき映えによっては原書のほうがわかりやすい場合もあり、また翻訳書はハードカバーで高価だけれど、原書はペーパーバック（つまり新書仕立て）で安上がりなことも少なくありません。以前は原書を探すのがむずかしくて購入できても高価でしたが、今ではAmazonなどから比較的容易に安価に入手できるようになったのも有難いことです。ぜひ利用して下さい。

お薦めの作品を紹介します。

- アラン・ピーズ、バーバラ・ピーズ著（藤井留美訳）『話を聞かない男、地図が読めない女』主婦の友社、“Why men don't listen and women can't read maps” Broadway Books.
- ロビン・クック著（林　克巳訳）『ハームフル・インテント— 医療裁判 —』ハヤカワ文庫NV、“Harmful Intent” Pan.
- ダニエル・キイス著（小尾芙佐訳）『アルジャーノンに花束を』早川書房、“Flowers for Algernon” Harvest Books.
- ウィンストン・グルーム著（小川敏子訳）『フォレスト・ガンプ』講談社、“Forrest Gump” Pocket Books（Mm）.

英語を「百万語読む」

「英語を百万語読もう」という考え方があるそうです。「読んだ文章の累積が百万語になると、英語の学力がついて以後は楽に読めるようになる」という意味です。何をマスターする場合でも「たくさんこなす」は重要な要素ですから、この考え方は納得できます。

ちなみに、「英語百万語」とはどのくらいかを計算してみます。テキスト形式の電子ファイルは、空欄も含みますが大体正確に文字数を表現しているので、この計算は簡単です。そこで、私がダウンロードしてパソコンに保存している世界の名作から選んで評価してみました。慣例にしたがって、1語を6文字平均として計算すると図表4のようになるので、それを長いほうから並べてリストをつくります。

インターネットには、先に挙げた文学作品のほかに、ダーウィンの『種の起源』やデカルトの『方法序説』、カントの『純粋理性批判』のような作品もあることは前に述べた通りですが、こういうものは「量は長いけれど読むのは難物」か「量の割りに読むのは難物」なので、表からは除きました。

私が挙げたトウェイン、デフォー、オルコットの3つの作品を全部併せて、35万語くらいです。1人の作家では、ドイルの長編、短編を全部読んでも50万語前後、ディッケンズでも長編『デイヴィッドカッパフィールド』に他の長編『オリヴァーツィスト』、『二都物語』などを加えて80万語くらいで100万語には達しません。トルストイなら『戦争と平和』に『アンナカレーニナ』を組み合わせれば、楽々と越えます。

上の資料からわかる通り「文庫本1冊の長編はだいたい10万語」ですから、1人の作家にこだわらず「長編10冊読めば100万語」になりそうです。

あたりまえのことながら、英語にも読みやすいものと読みにくいものがあり、たとえばメルヴィルは難物というのが定評であり、ドイルも前に述べたよ

【図表4　主な有名書籍の文字数】

作者／作品名	分量
トルストイ／戦争と平和（英訳）	74万語
ユーゴー／レミゼラブル（英訳）	55万語
セルバンテス／ドンキホーテ（英訳）	49万語
ディッケンズ／デイヴィッドカッパフィールド	44万語
デュマ／モンテクリスト伯（英訳）	43万語
ハーディ／テス	39万語
メルヴィル／白鯨	21万語
オルコット／若草物語	18万語
フローベル／ボヴァリー夫人（英訳）	17万語
ロンドン／海の狼	13万語
デフォー／ロビンソンクルーソー	10万語
スイフト／ガリバー旅行記	9万語
ヴェルヌ／海底2万海里（英訳）	9万語
ホーソン／緋文字	9万語
トウェイン／トムソーヤーの冒険	7万語
スティーブンソン／宝島	6万語
ウェルズ／世界大戦	6万語
イプセン／人形の家（英訳）	5万語
ウェルズ／タイムマシーン	3万語
バウム／オズの魔法使い	3万語
ルイス・キャロル／不思議の国のアリス	2万5千語
コナン・ドイル／各種ミステリー	各5千～1万語（長編は除く）
ワイルド／幸福な王子	5千語
アンデルセン／童話（英訳）	各2千～3千語

うに「短いけれどもむずかしい」と私は評価しています。

「英語百万語」は、たしかに遠い道のりです。でも、それで英語の達人になれるのなら挑戦も楽しいのではないでしょうか。

第2章

英会話1人勉強法

1
英会話は日本で身につけよう

英会話は、基本的には日本で身につけるようにしよう、ということを提案します。

「外国へ行けば自然に」は誤解

「英会話は外国へ行けば自然に進歩する」とか、その裏返しに「英会話は外国へ行かないと進歩しない」という考え方や主張を聞くことがあるでしょう。一面の真理ですが、これが「絶対的に正しい」とは考えないで下さい。ちょっとオーバーに言えば、この主張は「根本的に間違い」とさえ言えます。

留学のところでも説明しますが、「英会話が外国へ行ってどのくらい進歩するか」を決める大きな要因は、「外国へ行く時点で英会話がどのくらいマスターできているか」、少なくとも「英語の基礎学力がどの程度できているか」に依存します。

英語環境に入って、途方にくれて仕事や勉強が手につかなくなる事例は数知れません。もちろん、「引っ込み思案な気質」や「遠慮深い性質」も関係するでしょうが、元来「図々しい性格」でも言葉の壁は大きいものです。「わからなければ訊く」とはいっても、一から十まで質問ばかりしていれば周囲からうるさがられ、自分も楽しくありません。結局、「外国の環境にどのくらいなじむか」は「英会話がどのくらいマスターできているか」、「英会話が進歩する素地があるか」が重要な要素になります。ですから、「外国へ行く前に、ある程度はうまくなっておく」のが有利であり、特に「外国へ行く前に基礎をしっかり固めておく」のが望ましいと言えます。「外国へ行く機会」や「外国で学ぶ機会」「外国で働く機会」を捉えることの有用性は計りしれませんが、それが得られないと嘆くのではなく、常に準備をしておきましょう。

留学中の進歩は日本での努力に依存する

留学中の英会話の進歩を決める要素はいろいろありますが、大きく分ければひとつは英語の基礎学力、もうひとつは英会話の能力自体であり、結局日本にいる間の努力が決め手になります。

そもそもはじめにある程度まで聴いたり話したりできれば、会話が進みやすいから仲間に入りやすく、付き合いを広げやすいものです。仕事場だけでなくて、近所の人とも付き合えるし、異性とも仲好くなりやすいものです。

逆に、はじめはまったく聴くことも話すこともできなければ、会話が進まず仲間に入れず、付き合いの広がりようがありません。仕事場ではなんとか付き合えても、近所の人とも付き合えず、まして異性と仲好くするなど思いもよりません。

結局、留学中の英語の進歩は留学のはじまった時点での英語能力によって大きく左右されます。

「週1回英会話学校」の意味

「日本にいるうちに準備する」といっても、そのために「週1回英会話学校に通えばよい」とは思わないで下さい。「週1回英会話学校に通う」のが無意味と主張するのではありません。その意義は非常に大きいのですが、「それだけ」では不足であり、それを漫然と1年間やっても進歩はたかが知れています。似た例で説明すると、ピアノを週1回習いに通っても他の日にまったく弾かないなら、何も弾けるようにはなりません。ピアノを弾きたければ、練習に通うのは週1回でも、自分で毎日弾いて練習するのがあたりまえです。英会話も同じです。

英会話学校へ週1回1時間通うことの意味は、英会話の基本を教わる、勉強の仕方を教わるといった基本の道筋を身につける役割があり、さらに毎週の学習によって自分の進歩を認識し、さらに上手な人を知ってうらやましく感じて、「もっと頑張ろう」という気持ちになり、勉強を続ける動機付けになるというようなことです。

1人でコツコツ勉強を続けるのは、得意でない人も多いでしょう。それができる人でも、状況によってはうまくいかずに挫折します。しかし、時々別の刺激が入れば続けやすいのです。それが英会話学校に通う意味です。

トレーニングは自分で行うもの

英会話は「教育ではなくてトレーニング」であることは、後で詳しく説明しますが、それと関連して言うと、トレーニングとは教室で教師の話を受身で聴くものではなく、自ら楽しみ時には叱咤激励するものです。友人や恋人と、あるいは夫婦や家族で英会話が常に練習できる状況にあるなら有用ですが、そんな恵まれた条件は通常は得られません。

基本的には、「トレーニング」とは自分１人でコツコツ努力することと、その積み重ねです。「１人で練習」だけでなくて「グループに入って」も有用ですが、「グループに頼る」だけでなくて「１人で練習」の意志と姿勢もないと、進歩が遅く持続もしにくいので、十分に存分に練習するには、１人で練習しなくてはなりません。

具体的な内容は「文章をつくる速度を上げる」

英会話のトレーニングとは何をするのでしょうか。「話す」問題に限れば、「文章をつくる速度を上げる」ことに尽きます。会話にもいろいろな要素があって、大きく分けて「聴く」と「話す」ですが、トレーニングのむずかしいのは「話す」こと、特に「高速で話す」ことです。「高速で話す」といっても、何も特別にベラベラとアナウンサーのように早口で話すという意味ではなくて、自分の言いたいことが大きな滞りなく流れ出るということです。

「英会話が苦手」という方が話すのを脇で聞いていると、「文章をつくる速度」が遅すぎます。ちゃんとした英文を作る学力はあっても、速度が遅くては会話になりません。それもちょっと遅いだけでなくて、本来あるべき速度の数分の一もないのです。あるいは何倍も時間がかかります。

この点をしっかり認識してください。「英語を話す」ポイントは「英作文の速度を上げる」ことだということを。この点は、これからいろいろと説明していく予定です。

私の場合、英会話学校に通った時点では、この問題を意識していませんでした。「英作文の速度を上げる」練習を積極的に行ったのは、少し後の医学部高学年になってからのことでしたが、それだけではありません。「自在に話せるよう」意識して努力するようになったのは、帰国してから外国に出張した折に「自在に話せなくなっている」ことに気づいて不満を抱いたからで、この点も後に説明します。

私の経験

私が英会話に取り組んだのは20歳を過ぎており、当時として早いほうではありませんでした。具体的には、医学部の２年生つまり21歳の時です。私の時代には、教養学部２年終了（20歳）で医学部入試があり、医学部に入学してはじめて心理的に余裕ができました。それでも医学部の１年生の時は授業も実習もきつかったのですが、２年になって時間に余裕ができたので、思い立って数ヵ月間英会話学校に通いました。週に２回くらいだったと記憶しています。遅く始めたのを特に後悔もしていませんが、後で友人と話してみると、英語の特に好きな人は大学入学と同時にクラブに入って会話を始めた例も多かったようです。当時は、「帰国子女」の方はほとんどいませんでした。

そうやって英会話学校に通いながら、「英会話を自習する」という意識はまだ十分ではなく、「機会を捉える」意識も不足していました。クラスの友人には、夏休みに米軍病院で実習した人もおり、さらに当時はインターンという研修コースが医学部卒業後１年間課せられており、米軍病院で研修して英会話力の向上にもあてた人が何人もいましたが、私はいずれにも参加しませんでした。

また私は26歳という比較的若い時点で、アメリカで研修医として働きはじめましたが、これにはいろいろな偶然が働いており、自分が積極的に求めた結果というわけではありません。

私の場合、事前の準備が極端に乏しかったとは思いませんが、英会話力が十分だったとは言えません。私が十分に進歩できたのは、合計 7 年弱という長期滞在のお蔭かもしれません。

2 「道を訊いてわからない」理由

―日本語でむずかしいことは英語でもむずかしい―

英会話の問題点を検討しましょう。「道を訊いてわからない」、「パーティでの会話はなぜむずかしいか」ということを例にします。

「道を訊く」、「トイレの場所を訊く」のは実はやっかい

「英会話を習いたい」理由として、「外国へ行って、せめてトイレの場所くらい訊けるようになりたい」といった注文を聞くことがあります。あるいは、「10年も英語を勉強したのに、道も訊けなくて残念だった」とかいいます。

その気持ちはよくわかりますが、しかし考えてみてください。そもそも無理な注文ではないでしょうか。道を訊いたりトイレの場所を尋ねるのは、たしかに「簡単な会話」に思えるかも知れませんが、実は日本語でも面倒でわかりにくいものです。

「尋ねる」ことは簡単です。「訊き方」を覚えておけばいいので、例を挙げれば、

I want to go to Ueno station. Could you tell me how I can get there?

というような文章を言えば良いのです。

問題は回答を理解し、さらにその後のやりとりの

ほうです。地図をもっていて説明をうけるならまだしも、ただ言葉の説明でどのくらいわかりますか？「まっすぐ行って２つ目の角を右に曲がって」と言われて、実際に行ってみると２つ目がごく細い道でちょっと納得できない、実は教えた人がその小さな横丁を数え落としていて、本当は３つ目の角だった、などというのが日常的におこる事柄です。イメージを持っていないことの説明を聞いても、理解はむずかしいものです。

　こちらの注文と、相手の答えが食い違うこともあります。日本語会話でも「そりゃ、タクシーに乗りなよ」と言われてしまうかも知れません。歩いていけると思って尋ねているのに、答えるほうは「当然タクシーを使う距離」と考えています。

　そんなのを英語で言われたら、予想していない回答なので「何が何やらわからない」ということになります。

　英語で訊く場合は、基本の単語や表現も知りません。たとえば、「トイレ」の英語が“Toilet”でいいのか、自分でも疑っているでしょう。実際の場面では“Toilet”で通じないことはありませんが、建物の中にある場合は“Bathroom”とか“Men's room”とか言う表現を使う場面が多く、さらに“Lavatory”という耳慣れない単語も使います。あるいは“Men's room”が単に“Men's”になったり、女性用は“Ladies' room”ですが単に“Ladies'”

になります。おまけに、「トイレの場所」は、訊く側も説明する側も大声で明確に述べるのは避けたい意識があり、互いに小声で話すので、情報伝達がさらにむずかしくなります。

地理の説明も同じで、そもそも地図を使わずに地理を言葉で説明するのは日本語でもむずかしいのに、そこへ単語も知らない英語が入ってくればわからなくて当然です。

「道も訊けなくて残念」という不満は、そもそも無理な注文なのです。

パーティの会話と仕事の会話と

同じことが、「専門の話は聞いてわかるが、パーティの話は聴き取るだけでもむずかしい」という場合にもあてはまります。

専門の話は、基本の内容がわかっており、単語も知っています。ですから、聴くのは容易ですし、こちらからの発言にしても仕事の現場では類似のことの勉強の機会が多いので進歩も速いのです。

これに対して、機会の少ない事柄に関する会話はむずかしくて当然です。たとえば医師の私は、初等数学や物理学は日本語で勉強したので、対応する英単語を十分には知りません。こんなテーマの話題では、内容は簡単でも案外とまどってむずかしく感じたことがありました。ビジネスや法律の単語を知らないのは言うまでもありません。

「パーティの会話がむずかしい」とは、そういう意味です。「語学力」の問題ではありません。文化や教育の背景が違うので、話についていけません。さらに詳しく説明するために、もう少し具体的な例をいくつか挙げましょう。

1．英米の人は、シェークスピアやルイス・キャロル（『不思議の国のアリス』の作者）をよく引用します。しかし、私を含めてふつうの日本人が知っているのは、せいぜい4大悲劇その他有名なものだけで、それも日本語で読んで筋を承知している程度です。具体的な英文を引用されても、わかるわけがありません。

2．アメリカでスポーツが話題になる場合、野球なら私も好きでついていけますが、フットボール（アメリカンフットボール）はダメ、バスケットボールもダメ、北東部ではさかんなアイスホッケーもダメです。こういうものは、ルールを知り、チーム名を知り、競技者名を知ってはじめて話に割り込めるのですから、日本人の私が入り込めなくて当然です。

3．政治や社会の話題も同じで、世界レベルの国際問題ならなんとかなっても、地域の問題は新聞やテレビをみなければわかりません。まして地方政治のゴシップなどわかりようがありません。

パーティでの話題というのはそういうもので、

「わからないのがあたりまえ」「会話に割り込めなくて当然」なのです。

必要なら準備する

「パーティ会話はあきらめる」のがひとつのやり方ですが、どうしても現場で会話に割り込みたいなら、この問題を自力で解決する以外にありません。つまり、英字新聞を毎日しっかり読み、英語のテレビやラジオ放送を毎日しっかり視たり聴いたりします。継続的に行えれば望ましいかも知れませんが、それはむずかしいとして、パーティの前の数日だけでも効果はあります。そうやって、英語環境の情報通になっておき、現在の社会現象の英単語や表現にもなじんでおけば、パーティでの会話も少しは追跡可能になります。

もうひとつできることは、こちらから積極的に話題を提供して、こちらの土俵につれてくる方法です。「日本にはこういう話があって」といって、シェークスピアの代わりに徒然草を持ち出すわけです。

それだって、実際に行うには準備がいります。現場で初めて試みるのはよほどの英語力がない限り無理ですから、徒然草の成り立ちや有名な話のいくつかを、自分の言葉で「実際に英語にしてみる」という準備をしておきます。そういう準備なしにいきなり話を始めても、途中で重要な単語がわからなかったりすると、自分も不満ですし、聞いている人もつまらないからそこで脱落します。したがって、前もって準備し練習することはぜひ必要で、それを怠らないで下さい。

その代わり、こういうのがうまく行けば自分たちが知っていることで相手は知らないことがたくさんあるので、時にはパーティ会話の中心の役割を果たせる場合もないわけではありません。

「うまくいった」という快感も味わえます。

3
「聴くだけ」はつまらない
―「話して」楽しもう―

この項目では、「英語は聴くだけでなく話そう」、うして「話して」楽しもうということを説明します。

情報を「交換する」のが会話

「会話」でも「情報交換」でも、情報の流れは一方向ではありません。必ず双方向です。情報「交換」というからには、「情報を貰う」だけではなくてこちらからも発信するものです。「情報を受け取る」のがメインの場合はたしかにあり、たとえば講義や講演を聴くのがそれにあたります。しかし基本的には相手から情報を受け取る場合でも、「こちらから質問して聞き出す」なら、相手も納得するでしょう。それが「情報交換」であり、「会話」です。

講義の最中に勝手に発言して質問するのは、ほかの方々に迷惑かも知れませんが、「質問の時間」つまり話し手が聴衆の反応を期待しているセッションで何も質問しないのは、逆に話し手に対して失礼です。「質問の時間」は向こうが「情報交換」を求めているのですから、「いいえ、私は交換する気はありません。受け取るだけでけっこう」という否定の意思表示ともとられかねません。

「聞き役」だけに回らないように努力しよう

講義や講演なら基本的に一方向でも仕方がありません。しかし、通常の会話は基本的に「双方向」で進めるものです。相手の話に反応しなければなりません。時には相槌をうち、賛意を示したり質問を発しなければなりません。時には反対意見を述べたい場合もあって当然です。

こういう反応や質問はあらかじめ準備することがむずかしいので、乏しい英語力では通常はかなりむずかしいと考えて当然です。その条件でどうしたらいいでしょうか。解決策はあるでしょうか。

あります。それは「発言を準備する」ことです。講義や講演なら、抄録を読んで質問を準備しておきます。ただ抄録の疑問点に疑問符をつけておくだけでなくて、実際に質問する文章もメモしておきます。パーティならこちらから提供する話題を考えておきます。それによって、会話に入れます。米英の人がシェークスピアやルイス・キャロルを引用したら、こちらも源氏物語や徒然草を持ち出しましょう。「そういうのは日本では」と言って説明します。そうすれば聞いてもらえるし、うまくいけば会話をリードできます。訳のわからない話をぼんやり聞いているだけでなく、会話の中に入って行けます。

パーティの前に準備

そのためには、パーティの前に「今日はこんなことを言い出してみよう」という話題をいくつか準備しておきます。その話題に必要な単語を調べたり、文章を頭の中でいくつか作ってみます。紙にメモすればもっと確実です。例えばこんなやり方はどうでしょうか。

スポーツの話題を出すつもりで、松井選手（どちらの「マツイ」でもよい）の日本での成績を詳しく調べておきましょう。こういうのは、アメリカ人は知らないことが多く、たとえ知っているとしても、日本語のデータのほうが圧倒的に多いものです。したがって、あなたの発言内容は彼らにはだいたい何でも新しいことで、それだけ楽しんでもらえる可能性が高いはずです。話す内容のほうは、インターネットを調べれば簡単にわかります。

私は音楽好きですが、この面の話題を出すなら、基本の英単語を知っておいて下さい。楽章は“movement”であり、小節は“measure”あるいは“bar”、長調は“major”で短調は“minor”です。ハ長調は“C major”といいます。日本でよく使うdurとかmolという言い方は、音楽の専門家は別として普通の音楽好きには通じない場合も多いでしょう。発音にも少しだけ注意が必要で、モーツァルトやブラームスは、日本式発音でそのまま通じますが、

ベートーベン “Beethoven” は、ドイツ人でしかもオランダ系なので「ベートホーフェン」という感じの発音で「ベ」にアクセントをつけるほうが通じやすいようです。バーンステインの発音は「テ」にアクセントのある日本式よりも、「バ」にアクセントをつけるほうが通じやすいでしょう。ちょっと古い指揮者ですが、「オルマンディィ」は日本式に「マン」を強調せず、さらに「ル」は発音しないで、「オーマンディィ」と「オ」に強いアクセントをつけます。

『英雄交響曲』は “Eroica Symphony” で、『田園交響曲』は “Pastoral Symphony” で通じますが、『運命交響曲』は英語環境ではあだ名を使いません。“Destiny Symphony” とは呼ばないようです。ドイツ語はどうか知りませんが、英語では “Beethoven's Fifth Symphony” といいます。ところがベルリオーズの『幻想』は、“Fantastic Symphony” あるいは “Symphonie Fantastique” という呼び方を使います。後者は、言語のフランス語に近い呼び方です。

もちろん、こんな準備をしたところでムダだったりトンチンカンなことがあるかも知れませんが、それは仕方がありません。「常に恥をかいている」のは御免ですが、「時には恥をかいて、それを向上のステップにする」のを自分に許すことにします。

とにかく、「何か反応する」、「自分も話題を提供する」ことによって会話に割り込みましょう。

4 いろいろな手を使おう

英語の勉強には、会話を含めていろいろな方法を組み合わせようということを述べます。

なぜいろいろなことをするか

すでに前に書いたことですが、英語の勉強にはぜひとも「いろいろなことをやろう」そうして「いろいろな手を使おう」ということを、ここでまとめて述べます。

その理由は数々あります。

ひとつは、決まったアプローチだけでは単調で飽きてしまうから、それを避けるようにいろいろな教材や手法を使います。

もうひとつは、自分に向いた方法や対象を探したい点です。「何が好きか」や「どういう方法が好きか」は人によって異なって当然で、「万人に向く単一の方法」というものは存在しません。存在しないと考えるのが自然です。

第三に、英会話には「総合的な能力が必要」です。読める、書ける、聴ける、話せるなどですが、話すにしてもちょっとした会話を上手に交わすのと、こちらの意見を積極的に述べて相手に伝えるのは違います。仕事の話とパーティの会話も違います。「どんどん話す」のも重要な要素であり、「いろいろな話題に参加できる」とか「話題や興味の幅が広い」のも会話力に関係します。

スポーツの場合

この本では、「英会話をマスターするのはスポーツと同じ」という考え方を繰り返し述べているのでここでもスポーツの例を挙げますが、たとえば野球がうまくなりたいときにどうするでしょうか。

キャッチボールだけでは絶対にダメです。ピッチャー以外は、まず打たなければ話になりません。そうすると、まず素振りをし、マシーン相手にバッティング練習もします。ピッチャーに投げてもらって、生きた球も打ちたいものです。その他に、トスバッティングやティーバッティングなどという練習法もあり、筋トレもします。

守備練習が必要で、ノックを受けるし送球の練習もします。ランニングをし、走塁の練習もします。いろいろな場面でのフォーメーションの工夫や、送球の仕方も練習します。

ピッチャーの場合、投げ込んで肩をつくり、コントロールをつける練習にも励み、直球のほかにカーブとスライダーくらいは投げたいものです。牽制球の練習も必要でしょう。

そうして、身体を使わないでルールの勉強や状況判断の勉強などもするかも知れません。そういうのが全部できて、ようやくなんとか一人前のプレーヤーといえます。プロ野球の話ではありません。草野球でも少しレベルが高ければ、この程度は当然必要なことです。

英語も同じ

英語も同じで、いろいろな材料を使い、いろいろなアプローチで勉強し、いろいろな事柄に熟達してはじめて、「英語が自在にあやつれる」ということです。

その内容はすでに前の章で詳しく説明しましたが、そうした「読む」、「聴く」、「話す」だけでなくて、英会話学校やテレビの英会話番組で「習う」とか、海外旅行やホームステイ、あるいは外国の人を案内したり催しの手伝いをするボランティアなどの「経験」も有用です。この段階ではお金を稼ぐレベルにはたぶん達しないでしょうが、その経験は必ず生きます。

そうして、もしかすると直接収入になることも起こりうるし、「彼は英会話が上手だ」と評価されて勤務条件に影響するなど、思わぬ機会に恵まれるかもしれません。

5
英会話のマスターはトレーニングで

この項目では、「教育とトレーニングの差の問題」を述べ、「読み書き」は教育で行うものだが、「聴く話す」にはトレーニングが必要で、両者は性格が異なることを説明します。

会話を学校教育で身につけられるか

最近、学校における英語の学習を従来の「読み書き中心」から「会話中心」に変更しようという気運が強くなっています。さらにそれを小学生に拡張しようとしています。しかし、私はあまり賛成しません。

「学校教育での英語学習を会話中心に」という考え方を絶対的に支持できるか、逆に全面的に否定できるか、肯定も否定も不可能かはデータが乏しいので正解は不明ですが、「学校教育で会話中心の英語学習」はむずかしいと私は考えています。そう考える理由を次に述べます。

「読み書き」は教育、「聴く」と「話す」はトレーニング

今では「そろばん」の重要度が低下してしまったので、そういう言葉は使わなくなりましたが、「読

み書きそろばん」という言葉があるのをご存知と思います。昔々は寺子屋で、数十年前までは小学校の教育に対して使われた言葉です。

そろばんは別として、初等教育で「読み書きを習う」という意味は、「読み書きは学校で」、つまり教育によって身につけるものだという世間一般の共通した認識を示しています。

「文盲」という言葉や概念をご存知と思いますが、この語は「会話はできるが、読み書きはできない」ということを意味し、以前は日本にもいました。明治初年から中期までの生まれの人たちには特にまれではなかったようです。そうして、現在でも教育の普及していない一部の国々には数多くいます。

しかし「文盲」の状況でも、「会話」つまり「聴く」と「話す」はまったく問題なくできます。少し以前のアイヌの方々のように文字を持たない社会さえあります。私自身、文盲の人と一緒に暮らして何不自由なく生活し、むしろその方を尊敬していた記憶もあります。理由は簡単で、「聴く」と「話す」は日常生活で身に着けていたのですから、日常会話には何の不自由もないからです。

つまり、会話は生活の中で身につけるものであり、一方の「読み」と「書き」は教育で身につけることを示しています。

英語「教育」で会話が身につく「はずがない」

この関係から逆にわかることがあります。それは、元来は生活の中で身につけるはずの「聴く」と「話す」つまり会話を、教育で身につけるのは不自然だという点です。

ここで「トレーニング」という重大な問題が生じます。読み書きを学校教育で身につける際、その負担はさほど重いものではありません。小学校の国語教育、つまり週5時間程度を数年間行って身につけています。この点は、中学高校で英語の読み書きを週5時間程度を数年間行って身につけるのと同じです。

しかし、日本語会話の場合、小学校に入る以前に基本は身につけ、さらにその後の生活でも磨き上げます。特別の「教育」は行いません。生活自体がトレーニングの場を提供してくれるので、「会話は身体で覚えてしまう」からで、国語教育は会話については寄与度はわずかです。

そう、「会話は身体で覚える」ものです。これを英語にあてはめると、「英会話にはトレーニングが必要」ということになります。この点を認識してください。あるいは、「頭の教育」と「身体のトレーニング」と対比してもよいでしょう。「教育は頭で身につけ」、「トレーニングは身体で身につける」と対比してもよいでしょう。

私たちの英語は「英語教育」で身につけたものですから、「読み書き」はできますが、トレーニングの必要な会話つまり「聴く」と「話す」ができないのはあたりまえです。

「英会話を学校教育で」という主張の基礎に、この「会話はトレーニング」という認識があるか、私は疑問に感じます。「学校教育での英会話」に意義があるとすれば、逆説的ですが「会話はトレーニング」という認識を進める点かもしれません。

英会話はトレーニングで身につけよう

日本語の場合、「読み書き」の学習は「会話ができる」のを前提として学校で教育するのに対し、英語は「読み書き」から入りますから、条件は違います。

私は可能性に疑いを持っていますが、一歩ゆずって英会話を学校教育で教えることが可能だとしたところで、旧来の英語教育を受けた人にはあてはまりません。その世代の方々は、英会話の実力をなんとかして身につけねばなりません。といっても、英会話を「日常生活で」これから身につけるのは不可能です。

だからといってあきらめることはありません。トレーニングは可能です。「英会話にはトレーニングが必要」ということを認識して、トレーニングすればよいのです。

トレーニングの内容は、2つに分かれます。「聴く」と「話す」です。

「聴く」トレーニングは単純です。すでに述べたように、ひたすら聴きます。いろいろな教材を使い、ラジオやテレビの英語放送を録音し、それをウォークマンで聴きます。さらにちょっとだけ特殊なテープレコーダーを入手して、速度を落として聴くステップを入れるとさらに進歩します。

「話す」トレーニングは、さらに2つに分けられます。ひとつは自分の言いたいことを英文で表現するトレーニングであり、これは「文章を高速で作るトレーニング」に帰着します。ちょっとしたことを述べるのに、数十秒間も数分間も黙り込んで頭で考えて文章を作り上げてからおもむろに口に出すのではなくて、言いたいことを即座に口に出せるように速度を上げます。

もうひとつは「英語を実際に口に出して話すトレーニング」です。上記の「文章を高速で作る」トレーニングをしても、それを頭の中で作るだけでは会話になりません。会話とは「口に出して話す」ものですから、「実際に口に出す」練習をしなければなりません。

「英文を高速でつくる」のはイメージトレーニング、「英文を実際に口に出す」トレーニングは「身体の運動のトレーニング」で、その組み合わせで「英語を話せる」状態に近づきます。

トレーニングには時間がかかる

こういう反論はありうるでしょう。「英語の読み書き用の英語教育だって、それを本当に達成するには週5時間どころか、その2倍も3倍もの時間とエネルギーを注いでいる。塾に通い、自宅でも勉強しているのですから、授業時間だけでは終わらない。そうした時間とエネルギーを英会話に向ければ、教育の場で達成可能だろう」との主張です。

そこまでの努力を前提とするなら、私も英会話教育を楽観的に考えましょう。少なくとも一部の生徒はマスターすることが可能かも知れません。しかしその場合も、行われている姿は、旧来の「教室での教育」を大きく越えて「生徒が自主的に行うトレーニングを教師が手助けする姿になる」と予想します。

トレーニングとは基本的に時間がかかるものであり、自分で行うものです。

英語をスポーツとして学ぶ

先日インターネットを眺めていたら、ある英語教育の専門家が「英語をスポーツとして学ぶ」という主張を載せているのを見つけました。（http://faculty.web.waseda.ac.jp/ken007/sports.htm 現在はこのURLではみつからない。いろいろ探したが探索できなかった。）そこには、こんなことが書いてあったので引用して紹介します。

『本音を言うと、体育会系の英語部でも作り、甲子園を目指す高校球児たちが行っている野球の練習のような厳しい練習を毎日課したいのだ。そうすれば、もっと目覚しい英語力の伸びが期待できるし、学生にとっては留学の道も大きく開け、就職にも有利になって、まさにいいこと尽くめであろう』

というのです。“体育会系の英語部”という表現自体は奇妙な印象を与えますが、この方の主張は大まじめで、私も基礎にある考え方に賛成します。実際、私はこの本の中で英会話の勉強をスポーツと対比していろいろに説明しています。この方の主張は英語全体、私は英会話部分を取り上げている点は違いますが、基本の考え方はまったく同一です。

英会話をスポーツとしてマスターしましょう。

6
モーツァルトを聴いても弾けるわけではない

「英語を聴く」のと「英語を話す」のは別個の能力だということを述べます。

楽器でもモーツァルトでも

私は音楽好きで、若い頃にほんの少しながらピアノを習いました。でも「私はピアノを60年も聴いているのにさっぱり弾けるようになりません。不思議です」と言ったら滑稽ですね。大馬鹿者と思われ大笑いされて当然です。「ピアノ」という代わりに「モーツァルト」と言い換えて、「モーツァルトを何十年も聴いているのにさっぱり弾けるようになりません」でも同じです。

「ピアノを弾く」には「弾く練習が必要」で、「聴く意味」はゼロではないとしても、効用はごく低いでしょう。

楽器に限りません。「プロ野球のテレビを10年も見ているが、野球が上手にならない」とか、「ゴルフの番組を何百回も見たが、ゴルフが上達しない」とか、「マリア・カラスのオペラのビディオを100本も見ているが、カラスのようには歌えない」とボヤいても、ばかばかしい言い草として誰も相手にしないはずです。「観る」ことの効用がゼロではないとしても、野球もゴルフも歌も「自分で実際に練習する」ものです。その練習を進める際に、「観る」ことが少しは意義を発揮する可能性を、もちろん完全に否定はしません。

「聴く」のと「話す」のは違う

英語も同じです。英語を話すには、日常生活で「英語をつくる」「英語を口に出す」トレーニングをしましょう。英語のテープを何年間も何十本も聴いても、それだけで自然に英語を話せるようにはなりません。実にあたりまえで、少しも不思議ではありません。それどころか、「英語のテープをただ聴くだけで英語を話せるようになったら不思議」というべきです。

「聴く」のと「話す」のが違うことは、少し考えればわかることですが、実際問題としては「聴く」トレーニングは一生懸命に行いながら、「話す」トレーニングはしない場合が少なくありません。もちろん、一度に両方は行いにくく、また「聴く」トレーニングのほうが「話す」トレーニングよりは行いやすいので、無理もない面はあります。両者が違うことを承知してはいるけれど、結局「聴く」ほうに力を注いでいるのが現実だという事情もあるので無理はないのですが。

しかし一方で、「私は英語のテープを何年も何十本も聴いているのに、英語を話せるようになりません。不思議です。」とボヤく人も少なくありません。「だから英会話はむずかしい」という免罪符にしているようです。それを周囲もおかしいと思わず、笑いもしません。「もっともだ」と納得したり、「私もそうだ」と賛成したりもします。こういう例をみると、やはり「聴くと話すは別の能力と認識していない」方々が、少なからずいらっしゃるのは間違いないと実感します。

「聴く」のと「話す」のは違うのです。「話す」ためには「話すトレーニングが必要」という単純な理屈を納得して下さい。そうして、「話すトレーニング」を実践して本腰を入れて下さい。どうやるかの案は、そちらの項目で詳しく説明します。

再び「英会話学校」の問題点
――聴くだけでは？

前に「週１回英会話学校に通う」ことの問題点を指摘しました。そちらは、時間数が少ないことの重大な点を述べたのですが、実は見逃されやすい点がもうひとつあります。

英会話学校は、どんなに小さくても教師１人に生徒が数人、通常は１クラスで20人か30人です。しかし、これでは生徒の発言の機会が少なすぎて「話す」トレーニングになりません。20人で１時間として、教師が半分話すと生徒の話す時間は1人1分半しかありません。1時間のうち1分半だけ話し、あとの58分は「聴くだけ」です。「聴くだけ」のために高いお金を払い、さらに往復の時間も費やして会話学校に通うのは、ずいぶん効率が悪いことではありませんか。「聴く」のなら、テープもCDもラジオもテレビもあるのですから。

「トレーニングは自分でやらなくてはダメ」、「自分でやるほうが能率的」ということが、こんな簡単な計算でわかります。

英会話学校で、他の生徒が会話している間も、自分でも頭の中で文章をつくっていれば、1時間の授業が1分半でなくて、少なくとも20分か30分程度のトレーニングにはなるかもしれません。

TOEICへの疑問

それと関連して、TOEIC試験に少し疑問を感じています。2002年の夏、私はTOEICを受験しました。この年の春から大学生を相手に英語を教えはじめて、「TOEIC受験を学生に薦めよう」と考えたので、そのために自分自身で実際に体験したかったからです。

私の年齢になると、「試験を受ける」という機会はほとんどありません。ですから65歳の人間にとって、受験は面白い体験でそれなりに楽しみましたが、後になって次の点が気になっています。

それは試験の内容です。現時点でのTOEIC試験は、合計200問あって半分が「聴き取り」で半分が「読み取り」で状況が描写され、回答は多肢選択式です。したがって、この試験には自分で「文章を作る」とか「会話をする」要素がまったく含まれていません。ですからこの試験は、「読む」と「聴く」の能力テストとしては十分でしょうが、「文章をつくる」能力と「それを口に出して相手に通じさせる」能力の要素はまったく含まれていません。そういうテストがむずかしいことは認めますけれども…。

TOEIC委員会では、その点数を基準として英語環境でビジネスを行う能力として評価していますが、まさか「読んで聴ければ話せなくてもけっこう」という意味ではないと思います。とにかく、「TOEICでよい点をとれば話す能力もある」と評価するのは、この点で疑問を感じます。

私はTOEIC以外の受験の経験はありませんが、別の試験では会話能力を評価する試みを加えているものもあるようです。

7

英文を高速でつくる

この項目では、英語を話す基礎は「高速英作文」だということを説明します。

一番足りないのはスピード

日本の方々が「英会話が苦手」という時、一番不足しているのは「スピード」です。

といっても、「言葉の速度」ではありません。「話し方がゆっくり過ぎる」という意味ではありません。外からみていると「反応がにぶい」のですが、実は「にぶい」のではなくて、「文章をつくって口に出すのに時間がかかり過ぎる」、実際には「文章を作るのが遅い」ので、それが最大の問題点です。

「会話」というのは、「言葉のやりとり」ですから、相手の発言や質問に対して、すぐに反応しなくてはなりません。モタモタと考えたり、文章をひねくり回しているうちに、会話自体が進んで、次のテーマに移ってしまいます。

相手の言うことがわかっていない場合は「聴く力の不足」ですが、相手の言うことはわかっていながら、「反応できない」場合も多いので、これが「話せない」問題の最大の要因であり、「ただ、にここにこうしているだけ」に終わる根本原因でもあります。

「英作文速度」を「会話速度」に
── 20倍の加速

「話す」トレーニングで一番重要で、しかもトレーニングの効果の上がるのは「話す速度を上げる」ことだ、という点を説明します。「話すのが苦手」といっても、実は「文章をつくる速度が遅い」という要素が大きく、この速度がつけば「苦手」ではなくなります。「話すのは日本語も苦手」という人は別ですが、そうでなければ「速度」さえつけば解決します。

この速度の問題をもう少し詳しく説明しましょう。通常「英文を書く」場合、速度は重要視しません。ワープロ印刷の１頁分つまり英単語で300語（スペースを数えて1,500～2,000字）程度を書くのに、１時間費やすでしょう。高校や大学の英作文テストでは、もっと少なく10行か15行、語数では100～150語程度です。

ためしにその１頁を、声を出して読んでみて下さい。せいぜい３分くらいしかかかりません。つまり、会話では英文１頁分を３分で作る速度が要求されます。ですから、１時間かけるのに比べると実に20倍も加速する必要があります。「書く」のと「話す」のとの最大の違いは、実は「文章をつくる速度」におけるこの途方もなく大きな差です。「英語を書くことはなんとかできる」レベルから「英語を自由に話す」レベルまでには、20倍の加速が必要ということになります。

英語で「話す」場合、「少し遅い」のは許されます。しかし、それも速度でいってせいぜい半分か3分の1程度までで、極端に遅くて時間が10倍もかかれば相手は待ってくれません。ですから、そのレベルまではこちらが努力して速度を上げなければなりません。

英文を高速でつくるトレーニング

「英文を高速でつくる」トレーニングには、実際に「英文を高速でつくる練習」をします。それ以外にないと思います。前提として、英語の基本文型などはもちろん知っておかなければなりませんから、なければそこにも努力が必要ですが、ここではその知識は一応あるものとします。

素晴らしいことに、速度向上の練習は1人でできます。具体的にはこうやります。自宅でも道でも駅でも仕事場でも、ようするに生活の場で、目に入る事柄や頭に浮かぶ事柄を片端から「頭の中で英文にする」練習を繰り返します。

＊＊＊

【道路と駅で】

例：向こうから「美しいお嬢さんがくる」のが見えた場合。

“A pretty girl is coming.” とか “How pretty she is!” とか “She is good-looking.” という文章をつくります。

例：駅で「すごい混雑だ」と思った場合

“This is terrible congestion!” とか “This crowd is awful!” とつくります。

【会議で】

例：会議が退屈なら、発言を英語でメモ（頭の中に）します。

司会者になったつもりで、

“Thank you for taking your time for this meeting. This afternoon, we will be discussing for…”（ご出席有難うございます。本日のテーマは…）と述べましょうか。

会議の出席状況を描写しましょう。

“Some 20 members of the committee are attending the meeting. Their average age is about fifty, and 5 of them are female.”（出席は20人ほどかな。平均年齢50歳、女性５人だ）

あるいは “There should be fifty members for the committee, but only 20 of them are actually attending."（委員は50人いるはずだが、出席しているのは20人しかいない）

他の人の発言に「頭の中で」コメントする。

"What he is saying is unrealistic."（あの提案は非現実的だ）とか、"That is a good suggestion, but it costs a lot of money."（いい提案だが費用がかかるね）という文章はどうでしょうか。

【その他】

例：講義がつまらない時に、講義や講師の悪口を言う。

"This lecture makes me sleepy."（こんな講義は眠いね）とか、"He must be giving this same talk every year for 20 years."（この教師、同じ講義を20年間繰り返しているんじゃないかな）

例：野球放送をみながら、味方チームに声援をおくる。

"Let's go. At this moment, a single hit will add two more runs."（頑張れ。ここでヒットを打てば２点追加だ）とか、"Strike out another, and he will get 10 strike-outs."（こいつから三振をとろう。そうすると二桁奪三振だ）

もちろん、相手チームをののしるのを練習問題にしてもかまいません。

＊＊＊

「やろう」と思って試みれば、こんな機会は無数にあります。それがおもしろくなればしめたもので、最初は英文を作る速度が遅いでしょうが、繰り返しやっているうちに類似の場面では高速で作れるようになります。さらには「前はこう言ったから、今度は違う表現を使おう」という気持ちになり、表現の幅が広がります。覚えたりメモしておいて、本や辞書を調べる材料にもなります。

たとえば、“How pretty she is! I should like to have her as my girlfriend.” などと言い加えます。そのようにして、「文章を高速でつくる」能力を身につけます。

それでもはじめは、似た場面しか高速では作れないでしょう。しかし、それを繰り返せばやがて「多様な場面で」、そうして「どんな場面でも」文章が自由自在につくれるようになります。

フレーズだけでも単語だけでも

不幸にしてあなたの学力が十分でなくても、遠慮することはありません。「文章」がつくれなくても「フレーズだけ」でも、極端には「単語だけ」でもけっこうです。「単語を知識として知っている」のと、「日本語と英語の単語同士を瞬時に対応させる」のとは、頭の働きとしてはずいぶん違うものです。特に「英語→日本語」という対応を主に使っている場合と違い、ここでは「日本語→英語」という対応が必要なので、その対応が速くなることは英語の文を綴る道への第一歩ですから。

もちろん、その間にも英語の基本文型を多数覚える努力は積み重ねて下さい。

現在の脳の生理学の教えるところでは、意識して行う活動は大脳を使って遅いのに対して、意識しないで行う活動は小脳で行って速いのだそうです。小脳は距離的にも運動器（口も運動器です）に近く、神経の構造も簡単なので速度の大きい活動に向いていて、各種「トレーニング」は最初のうちは大脳をつかってゆっくり行うが、「身体の動きを身につける」にはそれを小脳の動きへと移行させなくてはならないということです。

念のために言いますが、とにかく英語を話すのと「きれいな英語」、「なまりの少ない英語」を話すのとは違います。後者は大変です。日本語でも、「いつまでたってもなまりがとれない」「話し方にくせがある」のがあたり前で、「きれいな英語を話す」ことは至難の事柄です。不可能ではありませんが、別の努力と能力が必要で、その問題はここでは扱いません。というか、私にはその資格がありません。

練習問題

次の日本文を「高速で」（全部で10分以内程度で）英語にしなさい。原文は文学作品を少し変えています。英文は表現に凝る必要はありません。「単純に、高速で」作って下さい。

- 「みゆき」って女の子の名前としては、いい名前だ。
- 桜が素晴らしい。こんなところにいると桜を着ている気分だ。
- 夏草が茂っている。昔ここで侍たちが戦ったと聞いている。
- この建物は素晴らしい。雨の中でも輝いている。
- ひどい宿だ。のみ（蚤：fleas）としらみ（虱：lice：いずれも複数形）がいて、おまけに馬が枕元でおしっこしている。
- 森が静かだ。蝉（cicadas：複数形）の声が岩にしみこむように聞こえる。
- 大雨の後の最上川は流れが激しい。
- 夜の海が大荒れだ。空には天の川がかかっている。
- 秋の風が吹いているのに、まだまだ陽射しがつよくて暑いな。

（以上は、「奥の細道」の俳句をふつうの叙述文に変えました。）

- 我輩は猫である。名前はまだない。
- 親譲りの無鉄砲で、子供のときから損ばかりしている。（注：「無鉄砲」は“reckless”）
- 山道を登りながらよく考えよう。

- 私はその人を常に先生と呼んでいた。だからここでもただ先生と書くだけで、本名は打ち明けない。
- 高瀬舟とは、京都の高瀬川を上下する小舟である。
- ある夕方、年寄りの男が門のところに立っていた。
- 僕は上野で電車を降りて、図書館に向かった。

（以上は、有名な小説の冒頭。夏目漱石、森鴎外、芥川龍之介など）

- 雨ニモ負ケズ/風ニモマケズ/雪ニモ夏ノ暑サニモマケヌ/丈夫ナカラダヲモチタイ
- おかしな葉書きが、土曜日の夕方、一郎のうちにきた。
- 木曾って全部山の中だな。
- 名前も知らない遠い島から椰子の実が流れてきた。
- 秋になると必ず思い出すことがある。
- 芥川が死んだことで、いろいろ考えるが、いざ何か言おうとすると何も言えない。
- 富士山の風景には、月見草がふさわしい。（注：「月見草」an evening primrose）
- トンネルを抜けたら景色がまったく変わった。すっかり雪だ。

（以上は、有名な詩、童話、小説の冒頭など。宮沢賢治、島崎藤村、伊藤左千夫、菊池寛、太宰治、川端康成など）

解　答

- 「みゆき」って女の子の名前としては、いい名前だ。
  Miyuki is a pretty name for a girl.
- 桜が素晴らしい。こんなところにいると桜を着ている気分だ。
  These cherry blossoms make us feel as though we are wearing them.
- 夏草が茂っている。昔ここで侍たちが戦ったと聞いている。
  Thick grasses cover this place. They leave no sign of heavy fighting occurring years ago.
- この建物は素晴らしい。雨の中でも輝いている。
  What a beautiful building! It shines even in the rain.
- ひどい宿だ。のみ（蚤）としらみ（虱）がいて、おまけに馬が枕元でおしっこしている。
  This is awful. Fleas and lice are disturbing, and a horse is pissing right next to us.
- 森が静かだ。蝉の声が岩にしみこむように聞こえる。
  In this quiet forest, only the chorus of cicadas are heard.
- 大雨の後の最上川は流れが激しい。

River Mogami is running fast after heavy rain.

● 夜の海が大荒れだ。空には天の川がかかっている。

This is a great scenery of the Milky Way over the rough sea.

● 秋の風が吹いているのに、まだまだ陽射しがつよくて暑いな。

Wind shows it is really autumn, but the sun is shining hot.

● 我輩は猫である。名前はまだない。

I am a cat, but I haven't got any name yet.

● 親譲りの無鉄砲で、子供のときから損ばかりしている。

I am reckless as my father was, and have been considered a bad boy since boyhood.

● 山道を登りながらよく考えよう。

Think cautiously while walking up the hill.

● 私はその人を常に先生と呼んでいた。だからここでもただ先生と書くだけで、本名は打ち明けない。

I used to call him "doctor", so I call him so in this story without mentioning his actual name.

● 高瀬舟とは、京都の高瀬川を上下する小舟である。

"Takase-bune" is a boat going up and down Takase River in Kyoto.

- ある夕方、年寄りの男が門のところに立っていた。
  One evening, an old man was standing at the gate.
- 僕は上野で電車を降りて、図書館に向かった。
  I got off the train at Ueno station and walked to the library.

- 雨ニモ負ケズ/風ニモマケズ/雪ニモ夏ノ暑サニモマケヌ/丈夫ナカラダヲモチタイ
  I should like to stay healthy and will fight the rain, the wind, the snow or the hot summer.
- おかしな葉書きが、土曜日の夕方、一郎のうちにきた。
  One Saturday evening, Ichiro received an odd postcard.
- 木曾って全部山の中だな。
  "Kiso" is mountain everywhere.
- 名前も知らない遠い島から椰子の実が流れてきた。
  I found a coconut shell on the shore. It must have started at some unkown distant island.
- 秋になると必ず思い出すことがある。
  There is one thing I always recall in autumn.
- 芥川が死んだことで、いろいろ考えるが、いざ何か言おうとすると何も言えない。

Death of Akutagawa makes me think much, but I cannot express it well with words.

- 富士山の風景には、月見草がふさわしい。

A primrose suits the scenery of Mt. Fuji.

- トンネルを抜けたら景色がまったく変わった。すっかり雪だ。

The scenery is entirely different on this side of the tunnel. Everything is covered with snow.

8
英語は「口に出してマスター」しよう

前の項目で述べたのは、英語の文章を頭の中でつくる、あるいは紙に書くので、それはそれで有用ですが、「会話」のためには実際に「口を動かす」、「声を出す」のも重要で、そのことを説明します。

歌を上手に歌うには実際に歌う練習

この点も詳しく説明するまでもありません。「歌を上手に歌うには、実際に歌う練習」をするのがあたりまえ、「スキーを滑るには、スキーを滑ってマスターする」のがあたりまえ、ピアノを弾きたければ、実際にピアノを弾いて練習するものです。楽譜をみて分析し、その音符を読みながら頭の中で指を動かすイメージ練習も大切ですし有用ですが、実際にキーを打って練習することが絶対に必要です。

それとまったく同様に、「英語を話す」には実際に口に出して英語を話さねばなりません。黙読や頭の中で文章を作るのは、「文章をつくる」練習にはなっても「話す」ことになりません。「話す練習」としては不足です。

「筋トレ」の要素

「話す」のは、頭の働きだけでなくて、口やのどの「トレーニング」の要素も小さくありません。英語を話すには、頭の働きも大切ですが、「口の動き」も日本語と違う要素がたくさんあります。下唇を噛む“f”の音や、舌を歯の間に入れて出す“th”の音などは日本語にはない発音の典型ですが、それだけでなく、音の「つながり方」がいろいろな点で日本語と違います。

たとえば、日本語には「オウ」という母音のつながりはまれですが、英語では多くあります。“boat”、“bowl”、“coal”、“coke”、“coat”、“goal”、“goat”、“moat”、“note”、“poke”、“soap”、“toe”、“token”、“vote”などすべて「オウ」という発音です。これは「オー」ではありません。また、「ア」と「エ」の中間のようなつぶれた母音、かな書きすれば「ャ」と書きたいような音もあります。“began”、“can”、“cat”、“fan”、“gallop”、“handy”、“jam”、“rat”、“tap”、“wrap”などがすべてこの音です。

こういうのは神経や筋肉の運動ですから、言ってみれば「筋肉のトレーニング＝筋トレ」が必要なのです。スキーを滑るには、技術も必要ですが、ランニングしたりタイヤを引っ張ったりするような「筋トレ」も有用であり、ピアノを弾くには曲の練習も必要ですが、「ハノン」のような音階や分散和音など「機械的な練習」も必要なのと同じです。

「英会話には筋トレが必要」ということを、しっかり認識しましょう。

実際に会話学校へ通ったり、海外旅行をすることで、そういう「経験」はできます。しかし、それにたよっても絶対量が不足です。普通の立場の人がゴルフがうまくなりたかったら、実際にコースに出るだけでは不足ですね。コースへ出るには、時間もお金もかかり、しかも１日コースをまわっても、実際に玉を打つ回数は限られます。効率よく練習するには、練習場で玉を何百発も打ち、自宅でパターの練習をするなどが必要なのでしょうが、会話の練習もそれと同じで、自分で「トレーニング」する以外に方法はありません。

不足分を補う方法

実際に練習するにはどうしたらよいでしょうか。一番簡単でやりやすいのは、自分の好きなCDやテープを聴きながら、これを鸚鵡（おうむ）返しに繰り返すことです。一見ばかばかしいようですが、その効用は計り知れません。

100回ほども聴いてしまえば、そのCDやテープの内容は把握できますから、聴きながらそれを声に出すのも可能です。

このようにただ鸚鵡返しに繰り返すだけで、３通りの事柄が身につきます。

①英語を「しゃべる練習」つまり「筋トレ」になる
②イントネーション（文章の抑揚）の練習ができる
③文章を覚えてほかで使う

この最後の条件は重要で、これを何度も行っていると、それを口に出して覚えてしまうことになり、その表現を別の場面で「自分の言葉として」使えるようになり、自分の表現がそれだけ増します。長い文章を覚える必要はありません。しかし、個々の短い要素は記憶しましょう。一見ばかばかしいと思えるようなこの練習が、実にいろいろな役に立ちます。

この練習は頭を使いません。「鸚鵡返し」に口に出すのは「機械的」な作業ですから、「単純な筋トレ」に近く「頭脳の疲労」は起こりません。ですから、長時間続けて繰り返しやすいのです。

「鸚鵡返し」に言う材料

この「鸚鵡返し」に口に出して練習する材料について、実際に使用するテープなどの資料には当然のことながらいくつか条件があります。

①あまり早口でないこと。
②ところどころで休みがあれば、さらに好ましい。
　この点は、CDをテープにする際に自分で意図的に加えてもよいでしょう。
③内容が興味深く、「これは賛成だ」とか「この内

容なら暗誦しても面白そうだ」と思えるもの。

④前にもいろいろな例を挙げましたが、詩の朗読、有名な演説（リンカーンのゲティスバーグの演説や、ケネディの就任演説）なども候補になります。こういうものは、CDやテープになって販売されています。

⑤全文を通して暗誦する「必要」はありません。しかし、個々の文章や短いフレーズを覚えるのは望ましいことです。

「聴き取れる」ことと「言える」こと

ほかでも述べた点ですが、聴き取れるようになってはじめて口に出して言えるようになり、一方口に出して言えるようになってはじめて本当に聴き取れます。

逆に言えば、自由に聴き取れるようになってはじめて、その表現が自分のものとして使えるわけであり、さらに自分のものとして使える表現なら、容易に聴き取れるものでもあります。

だからこそ、「聴きながら鸚鵡返しに言う」練習には大きな意義があります。

「鸚鵡返し」以外に口に出す材料

「口に出して発音する」材料は、CDやテープ、あるいはラジオやテレビを録音したものを聴きながら、「鸚鵡返し」に口に出すのが基本です。それは、ネイティブの方の美しい英語であることが保証されているからです。

しかし、それ以外にも書いてある文章を口に出して読んだり、前に述べた頭に浮かぶことを片端から英語化するイメージトレーニングを、実際に口に出して練習してかまいません。とにかく英語を話すトレーニングには、実際に口に出すトレーニングが必要ですから、その機会を増やすのは望ましいことです。

ただし、書いたものを自分流に読んだり自分流に言う「だけ」に頼らないで下さい。「自分流」だけでは、「自分流の発音」「自分流の抑揚」になりがちですから、必ず、ネイティブの美しい英語を聴いてまねる練習も加えて下さい。

個々の発音はいい加減でも、イントネーションはまねて下さい。

9

発音にこだわらなくていいけれど

英語の発音の問題を少し検討します。

「英語の発音にこだわる必要はない」というのが、私の基本的な態度です。「ネイティブでない私たちに、『見事な英語の発音』は基本的に無理」と考えます。

むずかしい発音

私は“L”と“R”の区別が上手につけられません。しっかり意識しないと発音は無理で、それさえも英米人の基準ではあやしいレベルです。両者の「聞き分け」となると、単独にはほとんどできません。前後関係から判断できる場合が多いのですが、知らない単語にぶつかった時には、辞書を二通り引いてみる場合が今でもけっこうあります。

“L”と“R”ほど難物ではありませんが、“th”音と“f”音とはどうしたらいいでしょうか。こちらは原理が明確なので、ある程度練習が可能です。使用頻度の高い単語は、単語毎に練習しましょう。“the”、“three”、“thing”、“thick”、“thin”などが“th”音で始まる単語の例であり、“for”、“four”、“five”、“fix”、“face”、“fact”などが“f”音で始まる単語の例です。

“th” 音も “f” 音も、語頭にきたときは意識して発音しやすいのですが、単語の中間に入ったり語尾につくと発音がむずかしく感じます。

インドやフィリピンの方々、あるいは英米人でも一部の人は、“th” を “t” 音で発音して代用します。私をふくめて日本人がよく使う “s” 音での発音よりも、“t” 音のほうがそれらしく聞こえるようですが、それだって意識して発音するのは容易ではありません。

まったくデタラメではまずいでしょうが、といって努力には限りがあります。“L” と “R” の区別、美しい “th” と “f” を私はあきらめています。

日本語と英語の差で知っておきたい点

①母音の差

“th” や “f” の問題ほど指摘されることがないのに、比較的重大でしかも修正の容易な事柄を指摘しておきます。日本語化していたり、日本語の中にカナ書きすることのある単語の一部で、母音の発音がまったく違うものがあります。

- **「オウ」という発音**： “boat”、“coat”、“moat”、“note”、“soap” など

前の項目でも述べましたが、こういう単語の母音は、のっぺらぼうな「オー」ではなくて「オウ」と

いう発音です。「ボウ」、「コウ」、「モウ」、「ノウ」、「ソウ」という発音です。「ボート」、「コート」、「モート」、「ノート」、「ソープ」という日本語表記とはかなり違います。「ソープランド」は日本製のカタカナ文字ですから今のままでかまいませんが、意味するところを英語でつづれば“soap-land”ですから、発音は「ソウプランド」でしょうね。

- **「エイ」という発音**：“cake”、“face”、“take”

この母音も、のっぺらぼうな「エー」ではなくて「エイ」という発音です。「ケイク」、「フェイス」、「テイク」という発音です。「ケーキ」、「フェース」、「テーク」という日本語表記とはかなり違います。この「エイ」は、前の「オウ」以上にしっかりと強い発音ではないでしょうか。

②アクセントの差

同様にカナ書きする単語で、母音の発音以上に、アクセントがまったく違う点のほうが実は重大で、「通じるか通じないか」を分けるのではないでしょうか。

- **コーヒー**：「コフィ」あるいは「カフィ」という感じで、「コ」または「カ」に強いアクセントがつきます。日本語式の「コーヒー」ではまったく通用しないでしょう。
- **ストロベリー**：「ストローベリ」で、「ロー」にアクセントがつきます。日本語式の「ストロベリー」では通用しにくいでしょう。この単語などは、発音を知っていないと聞き取れないレベルかも知れません。

- **ポテト**：「ポテイトウ」で、アクセントは「テイ」です。こちらはご存知の方も多いかも知れません。「トマト」も同じです。
- **ショートケーキ**：「ショートケイク」で、アクセントは「ショート」です。日本式に「ケーキ」と発音して、しかもそちらにアクセントをつけると通じにくいでしょう。

アクセントは、日本語ではあまり強調されない概念で、発音にやかましいＮＨＫ放送でさえも無神経に勝手にアクセントをつけています。それだけむずかしいので、基本をマスターして下さい。後は、一語一語身につけるのですが、ある程度のルールはあるので悲観することはありません。

「デジタル」はやめて欲しい

明らかに英語由来でありながら、しかも日本語でも発音は英語式に発音するのに、表記だけはおかしな表記ルールになっている単語がいくつもあります。“digital”の日本語表記が典型的な例です。

この単語を、日本では「デジタル」と書く「ルール」になっています。新聞でも、辞書でも「デジタル」と書きます。原稿に「ディジタル」と書くと、出版社の編集部が直そうとします。

実におかしい、バカげたルールです。この単語が重要でなかった時代にはどうでもよかったのですが、現在では非常に重要な単語になっています。しかも、「ディジタル」表記すれば原音に近くて自然です。また、他の単語では「ディスク」とか「キャンディ」という表記を許しており、これを「デスク」とか「キャンデ」と書いたら別なものを指したりおかしいことは誰も承知しています。それなのに、「デジタル」というとんでもなくおかしな表記を「規則として」押し付けているのです。

ゴルフ用語の“handicap”を「ハンデ」と書くのがふつうですが、省略しない場合は「ハンディキャップ」と書き、「ハンデキャップ」とは書きません。

「同じ単語に2通りの表記があるのは困る」という気持ちは理解できますが、「元来2通りある」のなら仕方がないではありませんか。両方を許して欲しいものです。

類似の例が、学術用語や人名には極端に多く、アクセントの位置の差も加わって「別の単語のような発音」になってしまいます。例を少し挙げます。

【元素の名前】

ドイツ語式発音あるいは「ローマ字読み」になっている例が極端に多くて困ります。昔、ドイツ語が優勢だった名残りで、完全に日本語化しているものは仕方がありませんが、新しい単語にもそのルールが押し付けられています。とにかく、英語では発音とアクセントが違う点を知っておいて下さい。

- **アルミニューム**：英語は「アルミナム」、アクセントは「ル」
- **カルシューム**：英語は「カルシアム」、アクセントは「カ」
- **マグネシューム**：英語は「マグネジアム」、アクセントは「ネ」
- **ヘリウム**：英語は「ヒーリアム」、アクセントは「ヒー」
- **キセノン**：英語は「ズィーノン」、アクセントは「ズィ」
- **ウラニューム**：英語は「ユアレイニアム」、アクセントは「レイ」
- **プルトニウム**：英語は「プルトウニアム」、アクセントは「トウ」

【化学物質の名とくに酵素名】

- **ジャスターゼ**：英語は「ディアステイス」、アクセントは「ア」
- **アミラーゼ**：英語は「アミレイス」、アクセントは「ア」
- **リパーゼ**：英語は「ライペイス」、アクセントは「ライ」
- **エステラーゼ**：英語は「エステレイス」、アクセントは「エス」

【一般用語の例】

- **アクアリウム**：英語は「アクエイリアム」、アクセントは「エイ」
- **コンドミニウム**：英語は「コンドゥミーニアム」、アクセントは「ミー」
- **ギムナジウム**：英語は「ジムネイジアム」、アクセントは「ネイ」
- **モラトリウム**：英語は「モラトウリアム」、アクセントは「トウ」
- **スタジアム**：英語は「ステイディアム」、アクセントは「テイ」
- **シンポジウム**：英語は「シンポウジアム」、アクセントは「ポウ」

【人名の例】

- **アリストテレス**：英語は「アリストートル」、アクセントは「ア」
- **コペルニクス**：英語は「コパーニカス」、アクセントは「パー」
- **ヘボン、ヘップバーン**：英語は「ヘッバン」、アクセントは「ヘ」
- **オストワルド**：英語は「オズウォールド」、アクセントは「オ」
- **プラトン**：英語は「プレイトー」、アクセントは「レイ」
- **孔子**：英語は「コンフューシアス」、アクセントは「フュ」

- **キリスト**：英語は「クライスト」、アクセントは「ライ」

人名の場合、日本語は原語発音に近いのに対して、英語は英語流に「訛っている」場合が多いようで、発音が違うのは仕方がありません。

イントネーションが重要

単語の発音のことを長々と説明しましたが、実のところ個々の単語の発音より、イントネーション（語調、抑揚）が重要です。つまり、個々の単語の問題ではなくて、文章全体の述べ方の問題です。

さいわいにして、ネイティブの入れたCDやテープを積極的にまねすれば、イントネーションはマスターできます。自分勝手なデタラメなイントネーションを少なくして、なるべくこういう本来のイントネーションをまねるように心がけて下さい。

聴きながらまねようとしても、個々の単語の発音はいい加減になりがちですが、イントネーションをまねるのはずっと容易だと思います。

10 「反応」で注意したいこと
—Yes と No—

会話には「反応」が重要ですが、それと関連して「相づちをうつ」問題、それから特に重要な“Yes”と“No”の問題に触れます。

ひとつ何か言う

相手の言うことに「反応」したい場合があるでしょう。それ自体は望ましいことです。

しかし、その際に何でも“Yes”というのは不適当です。“Yes”というのは、積極的に相手のいうことに「賛意を表明」することになるからで、本当に賛成の場合はこの単語でもいいこともありますが、それほど積極的な「賛意」ではなくて、単なる「あいづち」つまり日本語で言えば、「ふーん」とか「そうなのか」というニュアンスで“Yes”は不適切です。

その場合の表現はいろいろありますが、例とすれば“Well?”(それで?)、“Is that so?”(そうなのかい?)、“I didn't know it.”(私は知らなかったなあ)というような表現を知っておきましょう。

そういう風なことをまず一言述べて、それからおもむろにこちらの言いたいことを言います。こういう「合いの手」を挟むと相手が止まってくれますから、それをきっかけにして明確な賛意を呈したり、反論したり、あるいは解説的な意見を述べることによって会話が成立します。

“Yes” は「合いの手」になりません。「賛成ならけっこう」とばかりに、話をどんどん進めてしまうからです。

“Yes” と “No” を逆にいう点の注意

“Yes” と関連して、もっと重要な “Yes” と “No” の問題に触れます。

理屈では知っているでしょうが、相手が否定文で訊いた場合の返事、相手が否定文で述べた場合の賛成反対の表現における “Yes” と “No” の使い方が、日本語と英語は逆です。

例：“Don't you like coffee?”

という質問に対しては、質問の通りに「コーヒーが嫌い」なら

“No, I don't.”

質問と逆に「コーヒーが好き」なら

“Ye, I do.”

と言います。

理屈ではこのことを知っている方が多いでしょうが、現場で間違えないようにするには、十分に練習しておく必要があります。

「日本人は“Yes”と“No”をはっきり言わない」と欧米の人たちが指摘するといいますが、その要因のひとつにこの「論理の問題」があると私は考えています。「日本人は奥床しいから“Yes”と“No”をはっきり言わない」のではなくて、「否定語の使い方が日本語と英語は逆なので戸惑っているのを、『“Yes”と“No”をはっきり言わない』と誤解しているのだ」という理屈です。

そう断言できる根拠はあります。私が脇で聞いている場面で別の日本人が英語で会話していて、この点を間違えて述べているために、英米人が戸惑っている場面に何度も出くわしているからです。

たとえば、「コーヒーが好き」なのに“No”とだけ言ったり、“No, I like coffee.”と答えたりします。前者なら、相手は「コーヒーが嫌いなんだな」と思うでしょうし、後者の場合は「いったいどっちなんだ」と戸惑うでしょう。

欧米人との会話で、私はこの問題を何度も持ち出しました。「日本語では表現法が違うのだ」と説明し、さらに追加して「そもそも欧米式がおかしい」、「算数では、マイナスにマイナスを掛け算するとプラスになるのだから、この問題については日本語式の反応が論理的だ」と主張すると、けっこう「なるほど」と納得した人は多数います。言語学者はどう説明するかしれませんが、少なくとも私の理解では日本語式には立派な論理が成立すると考えています。

しかし、これは話を面白くする目的でもちだす議論です。英文法を日本語や算数の論理に変えるわけにはいきません。やはり練習して、英語の表現法をマスターしなくてはなりません。

第3章

実践英会話

1

機会を捉える

この章は「実践英会話」で、実際に「英語で会話する」ことを目指しています。どうしたらよいかをいろいろと考えて行きます。

英語を話す機会を捉える

このようにして、英語の勉強を続け英会話能力に進歩の兆しが見えたら、「日本国内で」機会を捉えて英語を話すようにしましょう。話す機会を積極的に作るということで、言ってみれば「他流試合」、「実践経験」とでもいうものです。

そういう機会はいろいろあり、いろいろと作れます。以前と比較すると、今は国内に外国の人が多いので、そういう人たちに話しかけてもよいでしょう。

もしかすると、話しかけた相手の日本語がたいへん上手だったり、逆に英語がまったくわからなかったりすることもあるでしょう。

まれには、何か逆襲されて迷惑をこうむりそうになる危険もないわけではありません。

いろいろな施設で会話教室を開催しているようです。市町村が不定期に催したり、勤務先に趣味のグループとして「英語を話す会」があるかもしれません。そんな機会を捉えて、自分が出ている以外の会話教室に出席して話してみると、新しい発見があったり、別の環境になれるという要素もあります。

学校や町でボランティアを募集している場合があるので、それに応募して外国の人に手を貸すこともできます。一般に要求される英語力はさほど高度なものではなく、一応のコミュニケーションがつけば採用して貰える場合が多いようです。

ここからさらに進んで、英語の勉強の「合宿」に参加する方法もあります。いろいろな種類があり、教師は外国の人と日本の人の混成が多く、生徒は日本人が中心です。

「英語しかしゃべらない」というルールで活動するようで、日本語環境から比較的容易に離れて「英語モード」になれるので、これは大切な条件です。

外国旅行

外国旅行を英会話の勉強の一環として考えるなら、日本人の友人と一緒に行くのは避けるのが原則で、ましてやグループツアーは論外です。

せっかく費用と時間をかけて外国旅行するのに、そこでふつうに日本語を話していては英語モードになれません。費用と時間と努力がムダになるというものです。たとえば、１人でなんとか解決すべきことが、２人や大勢なら容易に解決してしまうでしょう。グループ旅行の場合は、案内人がすべて解決してしまうのがふつうです。ともあれ、こうした旅行では、常に日本語を話すので頭が「英語モード」になる機会がありません。

ですから、行くなら単独か、せめて外国の人と一緒に行けば、こうした問題が避けられます。言うまでもないことですが、「英語に接する環境」を積極的に作らなければなりません。

黙々と一人旅は、旅としてはおもしろいけれども、「英会話」の目的には合いません。

ホームステイは、このレベルまでくれば効用が大きいでしょうが、別項目で説明します。

ガイドでアルバイト

高校時代の同級生に、大学生時代にガイド試験を受けて資格をとり、アルバイトとして外国からの旅行者のガイドを一生懸命行っていた人がいます。

彼の言うところでは、ふつうのアルバイトと比較すると収入がずっとよかった上に、英会話と一般常識の勉強になったそうです。もちろん、ガイド試験の受験にも日本の地理と日本の歴史の試験、一般常識試験が必要ですが、それだけでなくてガイドの仕事自体が勉強を深める機会になったのです。おまけに、彼の場合は留学のきっかけにもなったという付帯的なメリットもあったようです。

この試験のことは別項目で説明します。

2
ホームステイの利点と問題点

この項目は「ホームステイ」ですが、実は私にはホームステイの経験がありません。正直なところ、私がはじめてアメリカに留学した1963年にはホームステイという概念がありませんでした。しかし、留学中（最初の３年半）は独身でもあり、ほかの人のお宅に泊まったことは数知れずあるので、その経験も含めてお話しします。

まず最初に言いたいことは、ホームステイ「だけ」で英会話上達は望むべくもない点です。たとえば、期間１ヵ月として毎日３時間、合計90時間程度「英語漬け」になるとします。この90時間は、「英会話をマスターする」時間としてはまったく不足です。

十分な基礎学力があっても、その10倍つまり1,000時間程度が必要というのが一般的な意見のようで、自分の経験でもそう感じます。私の場合、英語環境で仕事をしながらでしたから、１日あたりの時間数はもう少し長かったのですが、「かなり自由になった」と感じるまでに半年を要しました。

ですから、もし条件がよくて１日10時間なら１ヵ月でも300時間になり、３ヵ月では1,000時間に近づきます。しかし、これは「短期留学」に近く、１回のホームステイで達成できる条件はまれと考えます。

それでもホームステイの意義は大きい

「１ヵ月のホームステイで英会話上達は望めない」と言いましたが、それでもホームステイの意義は限りなく大きいと思います。

第一に、「日本語環境を離れる」という経験ができます。これは日本にいては不可能です。そうそう、当然のことながらホームステイの間に始終日本に電話して両親や友人と話したりすれば、せっかくの経験を壊すことになるのは承知して下さい。両親とは電話で話さず、「元気だ」というメールを入れるだけにしましょう。

ホームステイの最大の利点は、この「完全な英語環境にひたりきる」という経験、「日本語から隔絶される」という経験ではないでしょうか。単純な旅行や学会出席では、日本人の仲間が必ずいますから、日本語から離れることがありませんが、ホームステイならそれが可能です。

もちろん英会話自体も、ほんの少しですが進歩はします。しかし、それよりも「自分の弱点、欠点を認識」すること、「自分の英語がいかに頼りないか」を自分にしっかりと教えることが重要です。「自分の英語がどの程度通じるか」が本当にわかり、あるいは「自分の英語が少ししか通じない」ことがわかって納得します。もし実力があれば、「英語を話すのはそれほどむずかしいことでもない」、「努力すれば英語が話せるようになりそうだ」という気持ちになれるならそれもけっこうなことです。あるいは「もっともっと努力が必要」という気持ちになり、「自分の英会話の弱点がどこか」がわかります。

そういうことが、日本に戻ってからの学習態度や意欲を強めてくれるので、そうした認識や動機付けがホームステイの意義です。

それに、日常会話のレベルなら、2週間のホームステイの終わりには、けっこうびっくりするほど楽に英語が出てくるようになるかも知れません。

留学にはないホームステイの利点

留学の問題は後に述べますが、ホームステイには留学にはない大きな利点があります。それは「せいぜい英語の問題だけ」という点です。

昔と比べるとずっと楽であたりまえになったとは言っても、「留学」は一般に何かの成果を期待して出かける場合が多いものです。送り出す側も受け入れる側も、そうしてもちろん当人も。「学位をとる」「資格をとる」「研究成果を挙げる」「論文をいくつか書く」などがその例ですが、一方で不自由な言葉をマスターしながら成果を挙げるのは、精神的にも身体的にもずいぶん大きな負担です。「留学でノイローゼになる」とか「身体をこわす」という事件は、夏目漱石の時代に限らず現代でもおこりますが、こんな状況を考えれば容易に想像できて、「自然なこと」とさえ言えます。

ホームステイには、こうした負担がありません。せいぜい「英語だけ」です。しかも、短期間だから「みじめな気持ち」「せっぱつまった気持ち」になることがなく、気分的に余裕があります。

ホームステイと逆ですが、英語がある程度自由になったら、自宅を外国の人に提供する、つまり「ホームステイさせる」ことも可能です。こちらは、英語力や家のスペースを含めて余裕が必要でしょうが、需要はあります。必要な英語レベルが高いので、「英語と日本語をある程度は自由に行き来できる」のが望ましいかも知れません。

ホームステイでも留学でも、「日本にいるうちに会話をできるだけマスターしておく」という意欲と努力は大切で、「ホームステイや留学に頼る」わけには行きません。

3
英語の試験を受けよう

英会話と限りませんが、勉強の際には目標があると学習を進めやすいもので、その意味で「試験」は絶好の目標になります。現在、明確に評価されるものは、下記の3つが中心のようです。

- **TOEIC**：英語環境で実務を行うことを狙う試験。試験は1種類。
- **TOEFL**：英語環境で学習することを狙う試験。試験は1種類。
- **英検**：日本の試験。7段階に分かれる。

■TOEICについて

TOEIC（Test of English for International Communication）は、私が2002年に65歳で受験して実体験しているので少し詳しく説明します。なお、インターネットのアドレスは、http://www.toeic.or.jp/です。

TOEICのルールは以下のようです。まず、試験の回数は場所によって違い、一番多い東京などでは年8回ありますが、地方都市では回数が少ないようです。受験生が少ない場所での試験が少ないのは、仕方がないでしょう。

基本的には「英語環境でビジネスする人を対象と

する試験」で、内容にもビジネス英語が少し出ます。しかし、ビジネス英語に限るわけではありません。

正確な統計は知りませんが、受験者数は上記3つのうちで多分一番多いのではないでしょうか。2004年度の受験者数は、143万人余だったといいます。費用は1回に6千円強です。

問題は200問で、半分が聴いて答える問題、残り半分は自分で読んで答える問題で、時間は休憩を入れても合計3時間弱です。満点は990点。回答はすべて多肢選択式で、自分で文字を書くことはほとんどありません。

受験して1ヵ月ほどで、成績発表があって点数がついてきて「レベル」を教えてくれます。最高レベルは860点以上で「ネイティブでない人としては十分なコミュニケーションができる」という評価です。

点数とレベルがあるだけで、「合否」はありませんが、もちろん「もっと高点を目指す」とか「上のレベル入りを目指す」という考え方はあって当然です。

TOEICを受験して、私が気づいたことをいくつか述べましょう。

こういう試験の常として、スピードが必要です。かなりの分量の文章を読んで、回答を選んでいかなければなりません。この点は「実際にも大切」で、外国語ことに会話はスピードが非常に重要です。

私は、「聴いて答える問題」でぼんやりしていたことが少しありました。聴く問題では、一瞬でもぼんやりしたら、それだけでアウトですから、１時間ほど集中する練習も必要かもしれません。

TOEICに関する重大な疑問はすでに別のところでも述べましたが、「読む」と「聴く」だけで「書く」と「話す」要素をまったく欠いている点です。本書で強調している「英語を高速で作る」能力はTOEICでは試されず、これでは「会話の試験」としては不十分です。ましてや「本格的な英文を書く能力」はまったく考慮の外ですから、こうした点はTOEICとは別に自分でなんとかしなくてはなりません。

■他の英語の試験

- **TOEFL**（Test of English as a Foreign Language）

こちらは「英語環境で学習する」ことを狙いとした試験で、具体的には大学か大学院に入って勉強する、学位をとるなどが狙いならこちらを受験します。海外に留学しようとする際に、スコア提出が求められることが多いようです。TOEICと同様に試験は１種類です。

私は受験の経験がありません。TOEFLのサイトは、http://www.ets.org/toefl/です。

- **英検（英語検定）**

こちらは、日本政府の外郭団体が行っています。

ランクが分かれていて、TOEICやTOEFLのように1種類ではありません。具体的には、1級〜5級までの5ランクの他に、準1級と準2級があるので計7ランクに及びます。下から順に受験して合格して行くようですが、自信があればもちろん途中を跳ばしてもかまいません（http://www.eiken.or.jp/）。

これも、私は受験の経験がありません。

他に「国連英検」というのもあります（http://www.unate.net/）。重要度や有用性は不明です。

■ガイド試験

正式には、「通訳案内業（ガイド）試験」と呼びます（http://www.jnto.go.jp/info/guide_shiken/index.html）。

外国からの旅行者のガイドとして活動するので、試験を受けて資格をとるといろいろと有利です。語学試験は、英語だけでなく、ほかの言語の資格もあります。

語学以外の試験の内容は、日本地理と日本歴史、それに産業、経済、政治及び文化に関する一般常識などです。

受験者と合格者は、英語の場合はきびしくて2003年には4,500人が受験して、合格は200人しかおらず、つまり合格率は5％未満です。ほかの言語ではずっとゆるいようで、合格率が高くなっています。

試験を受けた他の経験

私の試験経験を簡単に述べます。1962年春に、「アメリカで臨床医として研修を受けるための試験」を東京で受けて、翌年の1963年からボストンで研修医になりました。

現在では、類似の資格を得る試験は、アメリカでの医師国家試験と近くなって、何段階も必要になり、各段階に何日もかけるようになりましたが、それと比較すると私の頃は受験が簡単で、段階もひとつだけ、内容も１日限りでした。ただし、時間は６時間と長く、しかもスピードを要求された点は昔も今も変わりありません。

実のところ、受験の時は留学を強く意識していたわけではありません。当時は、日本の医師国家試験は極端にやさしくて合格するのがあたりまえでしたが、「といって、まったく勉強しないのも体裁が悪いし、それなら英語の試験があるそうだから英語で勉強してそちらも一緒に受けよう」という気持ちでした。これがしかし、その後早い時点に留学する糸口となりました。偶然受けた試験の合格から留学まで１年あまりです。

もうひとつ、私は1971年にアメリカでワシントン州の医師免許資格試験に合格しています。当時は、州毎にルールが異なり、私のもっていた「教師として教える」VISA（永住VISAではない）で受験できる場所は限定されて、実際に働いていたのはカリフォルニア州（カリフォルニア大学サンディエゴ校医学部）でしたが、カリフォルニア州の受験資格はなく、許された上記の州の試験を受けました。

こちらの試験は念入りで、2日ずつ2回にわかれ、住んでいたサンディエゴから試験場所のシアトルまで2度往復しました。同じ西海岸を北に向かうだけで時差がないのはありがたかったとはいえ、飛行機で3時間近くかかりました。

こうして少し苦労してとった医師免許ですが、実際にはその後は特に使うこともなく終わっています。

4
パソコンを英語の勉強に使う

この項目では、パソコンが英語の勉強にいろいろに使える点を説明します。内容は、まずインターネット（読む・発言する・資料を入手する）、それから「辞書」をつかう、英語を読ませて聴く、書いた英文を評価してもらうなどに分かれます。

インターネットで読む

まず「インターネットで読む」ですが、この資料はほとんど無限にあります。著作権の切れた有名な古典の小説や、小説以外の古典の文章がインターネットに掲示されている点は、別のところで説明しました。

新聞や雑誌のアウトラインが読めるのはもちろんで、本文は登録が必要だったり有料の場合も少なくありませんが、要旨だけなら無料で読める場合が多く、しかも私たちにとってはそれで十分です。忙しい立場で、本文まで読んでいる暇も、気分的な余裕もないのがふつうですから。

個人で文章を公開していて自由に読める場合も少なくありません。充実した小説などはみつかりにくいかも知れませんが、エッセイの類はたくさん掲示されており、個人のホームページやフォーラムの発言なども、これに近いものといえるでしょう。

「自分の趣味を英語で検索してみる」のはいかがでしょうか。私自身はクラシック音楽が好きですが、その資料は非常に多く、電子雑誌の目次も送ってもらえます。内容も上に述べたように要旨は無料で読めます。音楽自体はあまり多くはありませんが、音楽・音楽家・楽器・音響機器などの解説は数多くあります。

各種の趣味の資料としては、他の種類の音楽、パソコン、車、DVD、ボートとヨット、釣り、ダイビングなどいろいろみつかりました。ものによっては雑誌（電子雑誌）もあります。

内容も商業的な広告の役割を果たすものから、個人の趣味で開いているものまで、幅広い範囲にわたります。

インターネットに発言する

「インターネットに発言する」のが希望なら、いろいろなフォーラムがあって書き込めます。もちろんフォーラムに関係なく、メールアドレスを調べて送ってもよいわけで、日本の首相やアメリカ大統領にもメールを送ることができます。そうはいっても、実際に読んでもらえるかは疑問ですが。

こういうものを、読みながらリアルタイムで書き込むのは大変でしょうが、一度インターネットから抜けて、文章を準備して書き込むのならいつでも可能でしょう。そういう時に、他の人の文章が参考になるのは言うまでもありません。

資料を入手する

インターネットに提供されている資料のうちで、会社が提供しているカタログや商品仕様の類の効用は大きいと感じます。商品の購入を検討したいときに、いろいろな会社のホームページから得られる情報は、店頭でのそれとは比較にならないほど大きいかもしれません。それに、「性能比較」を趣味的に行って情報を公開している方々も大勢います。もちろん、その一部には広告的なものもあるかもしれませんから注意は必要ですけれど。

一般的な「資料」でも、個人が趣味的にホームページを開いている場合も少なくありません。

インターネット以外に

パソコンの使い道はもちろんインターネットだけに限りません。それを検討します。

■辞書を使う

いろいろな辞書をパソコンに載せられます。私自身が特に使用頻度が高くて有用と感じるのは、日本語辞書と英和・和英辞書の2つです。

書籍版ももちろん所有していますが、実際の使用頻度は電子版をノートパソコンで使うほうが圧倒的に高いことは確実です。冗談ですが、「書籍版の辞書は重石に使うほうが多い」かも知れません。

私が使うのは“Systemsoft”という製品で、ハードディスクに載るもので、各々1万円くらいです。パソコンを使っていてちょっと調べる際、パソコンの辞書の有用性は非常に高いと感じます。もちろん、私の場合は資料の整理も執筆もすべてパソコンで行うという特殊性も大きな理由ではありますが。

英和辞書に関しては、上記よりもっと安い2,000円程度のものもあり、使ってみた限りでは「安いからグレードが低い」というわけではないと感じました。

使い方に関してですが、私は通常のコピー／ペーストで使いますが、ものによってはカーソルを単語の冒頭に移動しておいて、決められたキーを打つと辞書のその単語の部分が現れる機能のものもあります。辞書を頻繁に参照する場合には有用な機能です。

■英語を読ませて聴く

ここまでは、文章を「画面で読む」使い方ですが、「英語を読ませて聴く」という使い方があります。英文を音声で聴くのは、読むのとは別のスタイルの情報で楽しいと感じます。もちろん、朗読のCDやテープは有用ですが、「どんな文章でも」というわけには行きません。

そこで、「英語を読んでくれるソフト」を使います。私の使うのは随分以前に入手した商品で“Text-to-Speech”というものですが、現在は無料のものもあってインターネットで入手できます。

性能は案外馬鹿になりません。「上等の朗読」には及びませんが、私を含めてたいていの日本人の英語朗読よりは上等でしょう。何よりも、「自分の好きな文章を読んでもらえる」というのが利点です。

それにテープにはない、独特の機能もあります。発音は常に明確であり、しかも原文があるのですから、通常の録音のように「何を言っているのかどうしてもわからない」ということがありません。それに速度の調整も自由自在で、非常にゆっくりから希望ならふつう以上の高速の読みも可能です。

パソコンから複雑な音声や音楽を鳴らすには、以前は特殊な付属装置を加える必要がありましたが、現在ではパソコンが強力になって本体とOSにそうした機能が加わり、特別の付属装置は不要です。上記の“Text-to-Speech”はWindows95用の古いものですが、Windows XPでそのまま動きます。「音を聴く」性質上、スピーカーがある程度高性能のことが望ましいけれど、むしろイアフォンを使うのが合理的です。

■書いた英文の評価

英文の綴りの訂正や、文法のあやまりを指摘する機能はどんなワープロソフトにもついているようで、全面的に信用するわけには行かないとしても、一応のチェックはぜひ行うべきです。

書いた自分の英語を評価して採点する機能が、以前のMS-WORD（Office 97のMS-WORDあるいはそれ以前の版）には日本語版でもついていました。しかし、最近のMS-WORD（Office XPのもの）にはこの機能が見当たらないので、なくなったのかも知れません。あるいは、別のソフトにはあるかもしれません。

この機能が行うことは、「文章の長さ」、「単語のむずかしさ」などを、知られている基準によって分析して「わかりやすい」とか「読みにくい」とかを評価して教えることです。文章チェック機能には、別単語をサジェスチョンする働きもありますから、両方を組み合わせてわかりやすい文章を書くのに有用でしょう。

もっとも文章は「わかりやすい」点だけが重要ではないのは言うまでもありません。

5
留学しよう

本書は「留学案内」はまったく意図していませんが、それでも「留学の問題と意味」について私の考えを説明します。

まず、お金の問題は別にします。それはなんとかするか、なんとかなるのが前提です。

留学の道

まず留学の道ないし「方法」を少し考えます。これには、いろいろな道があります。まず、政府が派遣する留学生があります。それと近いグループで、いろいろな財団やグループが募集するものもあります。それから、留学する相手側が募集するものがあります。アメリカならフルブライト留学生、イギリスならブリティッシュカウンシル、フランス政府留学生、ドイツのフンボルトなどです。以上は、原則的に「仕事」を伴わず、純粋の「勉強」あるいは「研究」に近いようです。

次に大きなグループとして、相手方に雇われるスタイルのものがあります。私の場合は、２度ともこれで、最初は病院の研修医で、２度目は大学職員でした。それと少し似ていますが、日本における勤務先が留学させてくれる場合もあります。この場合は、自分のほうの選択の幅は広くないのがふつうですし、条件がよければ希望者が多くて競争も激しくて当然です。

最後がまったくの私費留学で、費用を自分で調達するわけですが、ありがたいことに現在では日本円の為替レートが不自然に円高なので、私の周囲でも私費留学をしたという話をよく聞きます。立場が自由な点が有利ですが、後でも述べるようにそれはマイナスにもなります。

教育公務員の場合は、休職しても本俸の70%程度が支払われるので、これを留学費にあてて、留学先は自分で探す場合があるようです。純粋の「私費」ではありませんが、自由度についてはそれに近いといえます。

各ルートの特徴、利点と欠点

私自身の経験は限られているので、すべての場合を検討する能力はありませんが、気のついたことを少しだけ述べます。

私が経験したような「雇われて働く」場合、当時の研修医は「安い給与で重労働」でつらかったのは事実ですが、留学生と限らずアメリカ人の研修医も同じ条件で、「そういうもの」と思っていたので、「留学生ゆえのつらさ」という気持ちはほとんどありませんでした。むしろシステムに入ってしまうので、順調に進めば気分的には楽です。しかも、否応なしに周囲と接触するので、言葉も進歩せざるを得ません。そうして、もともと「研修」だけが目的なので、「成果が挙がらなくて、1人悩む」という問題はありませんでした。

一方、学校（大学や大学院）に入る場合は原則として「卒業して資格を取りたい」わけであり、研究留学では成果を挙げる、つまり発表したり論文を書くことが狙いであり、そうした目標達成自体が大きな圧力になるようです。日本に居れば留年して資格の取得を先に延ばすことも可能であり、研究の場合も年限を切らなくてもよい場合が多いのに対して、留学の場合は期限がきっちり決まっているのが普通ですから、資格取得に必要な学位論文が書けなかったり、思うような研究成果が挙がらない場合に、あせったり悩んだりする例があるようです。

行き先と心がけ

行き先はアメリカが圧倒的に多いようです。国土も広く豊かで、人口も多いので、受け入れる容量も大きくて当然です。

アメリカと比較すると数はずっと少ないけれど、イギリス、カナダ、オーストラリア、ニュージーランドなどの英語国もあります。もっとも、カナダ東部はフランス語圏であることは知っておいて下さい。「英語をマスターする」のが狙いなら、その点は考慮が必要ですが、そうは言っても大学や研究施設では英語を中心に活動しているようですから、あまり問題とする必要はないでしょう。

「留学先に到着した時点で、ある程度は、少なくとも最低限は、話せる」ように心がけて下さい。「英語環境に入れば自然にうまくなる」というのは一面の事実ではありますが、間違いの場合も多いのです。

この点は理屈で考えてみれば、すぐわかります。言葉がなんとか通じれば、周囲と積極的に交わる気持ちになり、機会も増えるので、会話はますます上達します。逆に、言葉がまったくできなければ、周囲と接触するのも消極的になり、機会も作りにくく、会話の進歩が遅れます。

留学先の条件にも大きく依存します。「黙ってコツコツ１人で研究する」場合、会話する相手が限られますからトレーニングになりにくい場合もあります。たとえ会話するとしても、限られた特定の相手としか話さないかもしれません。例えば、研究者として働く場合、少数の研究助手と会話するだけかもしれません。会話の内容も、研究を進める実務的な事柄に限定され、当然マスターできる内容も限定されます。

身体で「頑張る」のが重要だ

こうした点はいくら強調してもし過ぎることはないと思います。会話レベルが日本である程度に達していれば、引っ込み思案にならないで済むし、進歩も速くそれだけ世界が広がりやすいのです。具体的には、学業でも仕事でも滑らかに進み、パーティでも会話に割り込みやすいのです。ですから、日本にいるうちに頑張りましょう。日本にいるうちなら、「心理的な悩み」はありません。留学が決まったら、そこから数ヵ月頑張ればよいのです。

この考え方は、留学先へ到着してからもあてはまります。「日本人とつきあってもよい」けれど「日本人の仲間だけに閉じこもらない」ように心がけ、周囲と積極的に接触するようにしましょう。私の場合は、「日本人との接触を避ける」意識は強くありませんでしたが、研修医の生活がきびしいので日本の人と接する機会は多くはありませんでした。そうして、時に週末などを日本語で過ごすと月曜日の午前中に英語が出てきにくくてつらい経験をしたので、日本の人との接触を積極的に求める気持ちも強くはありませんでした。

もっともそうは言っても、一方で「日本語情報が息抜きになった」のは事実です。当時は、航空便料金が高かったので、頼んであった週刊誌は月に１回４冊一度に送られてきましたが、それをむさぼり読んで寝不足になったものでした。

2度目の外国生活（31～34歳）では家族がいたので、毎日家では日本語で生活していて、「最初に留学した時の状態には戻らない」という意識でした。もっとも、毎日英語と日本語を往復するので、「バイリンガル」に近づいたという気分になりました。

留学の価値は「語学」ではない

英語や英会話のことを述べてはいますが、「留学の価値は語学ではない」というのが私の意見です。具体的に言えば、留学の価値は「日本を離れ、日本を外から眺めて自分の位置を知る」ことです。

その意味では、留学先が英語環境でなくても少しも差し支えありません。フランスでもドイツでも、スカンジナビアや東ヨーロッパでもよいし、中南米でもアジアでもかまいません。

「英語をマスターする」という目的では、少し劣る点があるのは事実かもしれませんが、会話の共通語として英語を使う場合も多いので、英語はそれなりに役に立ちます。

機会を捉えて、「日本を外から眺める」ようにしましょう。

6
努力はダサくない

ここでは「努力はダサくない」ということを述べますが、実はこの項目をどの位置に入れようか迷いました。結局ずっと後のこの位置に持ってきたのは、ここまで読む方々なら私の述べることを一方的な押し付けと感じることなく、納得してくれるだろうという意識に基づきます。

英語の勉強に「努力」は不可欠

英語、特に英会話の勉強に「努力」は不可欠ですが、それに関連して努力はダサいかダサくないかということを考えてみます。

「そんなことは問題にしない」という方は、それでけっこうですが、一般には「コツコツ努力するのはダサい」という意識があります。口に出して表明したり、態度で表すこともあるでしょう。「ダサい」というのは、やぼったいとか、洗練されていない、格好がよくないというような意味で、「努力はダサい」とする感覚はある程度自然です。誰にでもある感覚であり、テレビやジャーナリズムもそういう雰囲気をつくり出しているかもしれません。

しかし、一方でこういうことはないでしょうか。

高校生や大学生が「努力はダサい」として表面的には「努力しない」という顔付きをしながら、実は陰でけっこうこっそり努力するのも比較的普遍的です。つまり「努力はダサい」という一般の認識はあるから、「努力している」様子を周囲に知られたくないが、一方で努力せずにものごとはマスターできないのでこっそり努力するのです。

そういう感覚は自然なのでそれでけっこうですが、スポーツでも芸能でも「努力」は基本的に必要なことを認識して下さい。いいえ、もっと広く学芸一般、研究、ビジネス、製造、政治などすべての領域で努力は必要条件です。エジソンのいう「１%の天才と99%の努力」はすべての領域にあてはまります。

もし「努力はダサい」と本当に思い、「努力したくない」、「努力は避けたい」と本気で考えるなら、英語の勉強そのものを放棄しましょう。努力なしに高い山には登れません。

一部の高山は、ロープウェイやケーブルカーができていて努力なしに登れます。英語の勉強も、努力なしに達成できる日がくるかも知れません。脳の機能の分析が進歩して、電極をつないで大きなコンピュータから情報を人の脳に転送できるようになるかもしれません。しかし、それは多分何十年後か何百年後のことで、私にはもちろんのこと読者の世代にも間に合いません。美人のヴァーチャルガールや、ハンサムなヴァーチャルボーイを三次元コンピュータで作り出して、それを連れて歩くのが現時点では夢物語なのと同じです。

努力は奇跡を生む

「努力はダサい」として隠しながら、実は陰で一生懸命に努力しているのも、実は人間の本性みたいなものであり、少なくとも日本の文化かも知れません。

「どんなことでも努力で克服できる」とは必ずしも断言できないかもしれません。しかし、英語や英会話に限らず一般に努力は偉大な成果を生みます。努力は奇跡も生みます。しかも本書でいろいろ検討してきたように英語や英会話には多方面の学習が必要であり、それは努力なしには絶対にできません。それは英語学習の基本です。

英語という、本来の言語とまったく違う言語をマスターするのは並大抵のことではありません。その奇跡を生むには「努力」は絶対的に必要な条件です。

7

中年からでも勉強できる

本書は、読者として基本的には若い方々、せいぜい30代前半くらいまでの方々を想定していますが、この項目では、「英会話は中年からでも勉強できる」ということを述べます。中年というのは、30代後半より上ですが、実は「老人でも」と拡張して考えています。

「語学は若いうちに」は絶対ではない

「語学は若いうちのほうがマスターしやすい」というのは、ある程度は真実でしょうが、絶対的ではないと思います。それに、「小学生に英語を」という考え方への疑問は別のところで説明しました。

語学に限らず勉強で一番重要なのは、「必要にせまられて」、「内的な強い欲求で」という要素、つまり「勉強しよう」という強い気持ちになることです。英会話を「自然環境でマスターする」なら子どもが有利ですが、「トレーニングしてマスターする」なら何歳でも可能です。

さいわいにして、中年から努力して上手になった人を私は多数知っています。まず、これがひとつの事実です。

なぜそんなことが可能なのでしょうか。私はこう考えます。まず、中年になると「大人の知恵」が働きます。経済的にも余裕ができ、必要な資料を入手するのも容易になります。

若いうちは、「やりたいことがいろいろとある」でしょうが、中年以降は「新しくマスターしたい」ことが限られてきます。ですから逆に意欲があるなら「英会話に時間とエネルギーをそそぐ」ことが可能なのでしょう。

各種のスポーツの場合に置き換えて、この点の説明を試みます。中年から始めてプロになることは、どんなものでもまず無理です。しかし、ある程度上達して十分楽しめるレベルを目標にするなら到達できます。ゴルフを中年からはじめて、シングルプレーヤーになる人は少なくありません。ほかのスポーツや、習い事にも同じ考え方が通用します。私の場合、ゴルフはしませんが、スキーや水泳がこの範疇に入ります。今はやりませんが、ウィンドサーフィンも少し楽しみました。

英会話も同じです。私たちの英会話は、プロのレベルを目指す必要はありません。「英語でしっかりとコミューニケーションできる」のが目標であり、「英米人と同等にしゃべれる」必要はありません。このレベルなら、基礎学力がある程度あれば、中年からトレーニングして可能です。

本書に書いてあることを応用して

「英会話はあきらめた」という場合、本書に書いたことを試みていない方々が多いのではないでしょうか。「英文は作れるけれどスピードがない」というのが最大の要素ではありませんか？

スピードをつける練習をして下さい。ゴルフにはスピードの要素は少ないかもしれませんが、それでも練習場で何百発も打つ練習をするはずです。それが、「トレーニング」です。

スキーのほうが、英会話に似ています。緩斜面なら少しの練習で滑れます。しかし、急斜面では沈んで抜重して回転する動作を、高速で強く行わねばなりません。そのためには緩斜面でもいい加減にせずに、何度も繰り返し練習して頭を使わないで反射的にできるようになって、次第に急斜面に挑戦できるようになります。英会話のスピード練習とまったく同じです。

それから、スキーの場合は筋力が必要で、ランニングや筋トレで鍛えます。緩斜面なら動作の幅が小さく速度も遅いので筋力は要りませんが、急斜面では筋力が絶対的に必要だからです。英会話も同じで、言葉を口に出して口の動きを速めねばなりません。日本語と英語は口の動き方が違うので、「口の筋トレ」が必要で、それを承知して練習すれば役立ちます。あるいは、「単語をたくさん知っている」のは

「英会話の筋トレ」にあたるかも知れません。

繰り返しますが、英会話もスキーと同様に「アマチュアレベルなら、中年からはじめても十分上手になれる」事柄です。

8 英語の能力を維持しよう

この項目では、「身につけた英語の能力を維持する」問題を検討します。

英語を失う危険を知って

私の経験ですが、２度の長期アメリカ滞在から帰国した後、何回か外国へ出張して英語を話す機会があり、その際に「自在に話せる」レベルに戻るのに、数日かかることを何度か経験しました。こういう出張は、たいていの場合はごく短期間ですから、やっと楽に話せるようになったと感じた時点で英語を使う機会は終わっていました。そうして、「英会話能力はしだいに失われる」と認識しました。

それから、こんなことも気づきました。私が20代半ばで外国に行く直前、留学から戻って英語を自由にあやつっていると感心した人が、私の周囲に何人もいました。それから10年ほど経過して、自分自身が外国生活を経験して日本に戻ったとき、その方々のうちには、相変わらずみごとに英語を話している方もいましたが、一方で「まったく話せなくなっている」方もいました。もちろん、私自身に力がついて要求水準が高くなったので、「以前はみごとと思ったレベルが実はたいしたことはなかった」という要素もあったでしょう。しかし、一部の方はたしかに「能力を失って」いました。

そう思って眺めてみると、私より若くて私より後から留学した人でさえも、帰国して「留学でマスターした英会話をみるみる失う」例が目に付きます。放置しておけば、話せなくなるのは疑いのない事実です。

考えてみればあたりまえです。頭で学んだことでも起こりますが、英会話のように「身体でマスター」したことは、トレーニングを続けない限り、以前できたこともできなくなるのです。

「これではいけない」と気づいて、努力するように心がけています。具体的に行うのは、ずっと以前に行ったことと同じです。「英語を話さなければならない」機会がくると、その機会を待たずに「その少し前」に、具体的には数週間程度英会話をトレーニングします。テープを聴きながらオウム返しに口に出し、さらに頭に浮かぶことを次々に英語の文章につくります。

このトレーニングの効果は絶大です。1ヵ月ほどトレーニングしてから外国へ出かけると、到着してすぐ「自分の能力の範囲内」ではありますが、英会話はトップギヤに入っています。数日の滞在中での改善はたいしたことはなくてほとんど認識できません。もちろん、数週間という長期の場合には、さすがに進歩というか回復に気づくこともありましたが。

「維持」の努力

ですから「会話能力を維持するための努力」が必要です。たいていの方々にあてはまるでしょうが、「読む」は長期間にわたって実行しており、日本に戻ってからもチャンスが多いので、まずは大丈夫です。「書く」はそれと比較すると機会が少ないので、機会を捉える必要がありそうですが、論文を書いたり手紙を書く機会の多い人は、こちらも心配はいりません。

「聴く」と「話す」は機会が多くはありませんが、「聴く」機会はそれでもいろいろとあり、機会をつくりやすい点は前に述べたとおりです。しかしそれも、心がけなければ能力はどんどん低下します。

一番むずかしいのは、「話す能力の維持」です。ですから、それを維持しましょう。

幸いにして、一度身に着けた能力を「維持する」のは、「保持したことのない能力を身につける」のと比較すれば、ずっとやさしいことで、少ない努力で達成できます。

もちろん不利な点もあります。一般には外国から戻ると年齢が進んでしまって、生活が忙しくなり、指導的な立場に立ったり、私生活が忙しくなったりして、時間とエネルギーを注ぎにくくなります。
それでも、「外国へ行く前に学習した経験とノウハウ」や「外国へ行く前に学習した資料（CDやテープ）」が生きるのです。

自分なりのバイリンガル

こうして、英会話が「不自由」と「かなり自由」との間を何度も往復すると、後者の時点では「自分なりのバイリンガル」という意識が持てるようになります。
外国出張とは限りません。日本でも国際学会が頻繁にあり、小さな国際研究会もあります。日本の学会ではあっても、外国の人が参加して議論する機会も数多くあります。そういう機会がくることはあらかじめわかっているので、トレーニングできます。少しトレーニングすると効果が自分によくわかるので、それが次の機会へのトレーニング意欲を掻き立ててくれます。そのようなトレーニング自体も、トレーニング効果を認識するのもなかなか快いものです。
私の現在の「バイリンガル度」は、２度目のアメリカ生活で「自由自在に英語と日本語の間を行き来していた」時には及びませんが、それは仕方がありません。私の日常は日本語であり、英語の使用は特殊状況に限られているのですから。

しかし、それはそれとして楽しい経験の反復と蓄積ではあります。

私のドイツ語の能力

「身につけた能力を失う」点で、自分に思いあたることがもうひとつあります。私の世代では、医学の勉強にドイツ語を使う習慣が残っており、医学部卒業（24歳）の時点で、私はドイツ語を読むことはかなり自由にできていました。ただし、書いたり話したりはほとんどできませんでした。しかし、このドイツ語を読む能力を、その後ごく短期間に失いました。維持する意欲も機会もなかったからです。使う機会が少ないので、失ったのは仕方がないのですが、しかし、読む必要がまったくないわけではないので、読もうとする度にいつもイライラさせられています。ただ、ドイツ語の場合は、「短期間（数年間）に、がむしゃらに勉強」したので、「こうすればマスターできる」「こうすれば元に戻せる」というノウハウが身についていません。そういうノウハウをマスターするレベルまで行かなかったということでしょう。

中国語を勉強した経験

1980年代の始めに中国に行く機会があり、その後に思い立って、「中国語会話」を勉強しました。具体的には、本書に書いたことを中国語にあてはめて学習したので、少し話せるようになりました。残念なことに、間もなく天安門事件がおこり、それをきっかけに学習意欲が急激にしぼんでしまいました。しかし、「あれを続ければやれそうだな」という気分を今でも持っています。

中国語の場合、私には基礎学力がないので、会話力のレベルも低いものでしたが、それでも「そのレベルまではできそう」とは今も考えています。

ロシア語を勉強した経験

こちらは実に貧弱なレベルですが、ロシアに数日滞在する機会があった折に、ロシア文字を一生懸命に勉強しました。「会話」ではなくて文字だけです。ところが、文字が読めてみたら、医学用語は意味のわかるものがずいぶん多かったので、わずかな努力の割におもしろくて楽しみました。しかし、それだけのことでそれ以後は特に続けていません。

9

英会話学習「べからず」集

最後のまとめに、英会話学習で「こういうことは行ってはいけない」と私が考えることをいくつか述べましょう。たいていは、本文に書いてあることの繰り返しですが、表現がかわっている場合もあります。

目的と目標を決めない

英会話に限らず、どんな事柄でも「なんとなくやってみたい」のも立派な理由だとは思います。しかし、明確な目的と目標があれば進めやすいでしょう。目的は「国際性」でもよし、「留学」でも、「国連で働きたい」でもけっこうです。「目標」はとりあえず「試験」にしましょうか。「英検準２級」とか「TOEICで少なくとも500点」とか。

私自身は、英会話学習を始めた時点では目的も目標も不明で、本気になったのは留学を志してから１年間、もっと限定すれば留学が決まってからの半年間だけでした。

ひとつの手法だけに頼る ――「ただひたすら聴くだけ」とか

いろいろな本に、「これさえやればよい」という主張が書いてあります。「ひたすら聴くだけ」という教材もあり、「３年間聴くと完璧」などと広告しています。しかし、それがダメなことはもうおわかりでしょう。「聴く」ことを繰り返すだけで自然に「話せる」ようになることは絶対にありません。「聴く」練習は大切ですが、「話す」練習もして下さい。「読む」、「書く」が重要なことも言うまでもありません。

高価な単一シリーズ教材を使う

英語や英会話の教材として、CD何十枚と本を数十冊組み合わせた高価なものが多数売られています。こういうのは「金儲けの餌食になる」だけですから敬遠しましょう。価格の設定としては、「10万円以上」のものは避けてください。１万円程度は仕方がありません。速度変更可能なテープレコーダーや、ちょっとしたテープやCDで、このくらいのものはありますから。

最終的にかかる費用を加算してみれば、10万円では済まずにその数倍に達するかもしれません。しかし、何年もかけて自分自身があれこれと選び、時には迷ったりして、学力をつけながら気に入ったものを探す過程ですから、それは浪費ではありません。

英会話のマスターには、時間もエネルギーもお金も要しますが、それは「手を変え品を変え」の努力の蓄積です。

個人教授を長期間受ける

同じ理由で、同じ個人教授を長期間続けて受けるのも考えものです。一応3ヵ月と言いたいところですが、妥協して6ヵ月としましょうか。

理由は、本書に述べました。「勉強は手を変え品を変え」いろいろなアプローチで進めるもので、それは教師に関しても同じだからです。

もっとも、特定の教師が本当に気に入って、それで順調に進歩しているならこの限りではありません。「相性がいい」というものでしょう。何にでも例外はあります。

低い密度でだらだら長期間続ける

英語の学習自体は、一生かけて行うくらいやりがいもあり、おもしろいことです。しかし、「英会話をなんとかしたい」なら、ある程度は高い密度で短期間に集中して下さい。「週2回以上、半年程度」としましょうか。

逆に、たとえば「週1時間未満で2年以上継続は不可」ということにしておきます。

英語は嫌いだが英会話だけやる

「子どもは文法も知らずに英語を話せるから」とばかりに、「英語はきらいだが、英語を自然にマスターしたい」と望んでも、それは不可能です。「自然法でマスターできる」のは「子どもの英語」のレベルでしかありません。

あなたが「子どもの遊びレベル」の英会話を求めるなら、このアプローチでもけっこうですが、通常私たちが求める英会話はレベルが違います。ビジネスの折衝をし、用事を果たし、高度な学問的な議論を交わし、さらには成人として知的会話を交わすのが狙いです。そのためには、むずかしい単語も表現もたくさん知らねばなりません。立派な大人が「子どもレベルの英会話をマスターするのは無意味」です。

「自然法だけ」に頼る
── グループでしゃべる、ホームステイなど

「英語は嫌い」ということはないけれど、会話は「自然法」でマスターしたい、つまりグループでしゃべるとか、ホームステイなどがそうですが、これも「それだけ」ではダメです。時間とエネルギーとお金がかかり、最終的な到達レベルは高くありません。

ぜひ、本書で述べた「積極的に学ぶ」要素を組み合わせることを心がけて下さい。

議論は無理でもせめて英語で道くらい訊けるようになりたい

この考え方は根本的に間違いです。「道を訊く」のは日本語でもむずかしいのです。いいえ、「道を訊く」のは容易ですが、「相手の返事を理解して行動する」のがむずかしいのです。

それに「訊く」だけなら、今は英語を発音してくれる装置がありますね。あれで十分に役に立ちますよ。しかし、あの装置は「返事を聞き取って解釈」はしてくれません。

仕事の議論のほうが英語ではやりやすいのです。概念も単語もわかっており、相手が何をいうかもだいたい想像がつくからです。

繰り返しになりますが、「幼児レベルの会話」ができるのは「進歩の一段階」としては認めますが、大人の英会話としては基本的に無価値です。

「日本にいて英会話の勉強は不可能」との考え

これも詳しく述べました。「外国で学ぶ」利点は大きいけれど、英会話は基本的には「日本でも勉強を進められる」ものです。日本での勉強がしっかりするほど、「外国で学べる」ことも多くなり、最終的な到達点も高くなります。

「外国へ行けば自然にうまくなる」と夢想

これも前の項目の裏返しです。基礎の英語力が乏しく、しかも努力する気持ちもいい加減なら、「外国へ行って自然にうまくなる」レベルは限られています。

きちんとした英語を話せるようになりたいなら、日本における基礎的な英語の勉強、外国での努力、帰国後の継続的努力などは欠かせません。

努力はダサい

もし本当に「努力はダサい」と思い、「努力したくない」、「努力は避けたい」なら、英語の勉強そのものを放棄しましょう。努力なしに高い山には登れません。

ロープウェイやケーブルカーで登れる山は限定されています。

この年になっては英会話の勉強は遅い

英会話でもゴルフでも、やる気があれば何歳からでも始められます。到達レベルは、あまり高くはないでしょうが、十分に役に立ち、しかも楽しめるレベルに達します。いいえ、若くして留学して「ぺらぺら英語を話していて、その後は努力を止めた人」

より、年取ってから開始して何年かまじめに努力した人のほうが立派な英語を話すでしょう。

おわりに

本書は英会話を中心テーマとしています。「英会話はこんな風にマスターすればよさそうだ」という気持ちは、随分長く抱いていました。

理由は単純です。私は1937年生まれなのでまもなく70歳ですが現在も英語をかなり自由に話しています。ずっと以前から先輩や同輩や後輩たちから、「長くアメリカに住んだから」と言われていました。たしかに私は、アメリカで長期間生活しました。26歳から29歳までの3年半、32歳から35歳までの3年、それに1月程度の短期間の滞在を数回ともっと短期の出張を加えると、英語環境で暮らした期間は7年近くになります。

それが大きな要素であるのは事実ですが、しかし「違うな」と思うところが大いにあります。随分長く暮らしたのに、あまり自由に話せなかったり、帰国当初は上手だったのにやがて話せなくなった方々を多数知ってもいます。逆に、若い頃はたいして話せなかったのに、最近になって「なかなか立派な英語を話している」と感心した例も数多く知っています。

英会話の本は多数あって、優れた内容のものも多いのですが、「方法」となると自分の考えとは一致しない面も多いと感じます。「自然法」を強調しすぎていたり、特定の学習法に固執するのがその例です。本書では少し違うアプローチをとっています。英会話には何が必要か、それをマスターする要領や維持するコツを、自分流に説明しているのが本書の狙いです。

本書は「英語を話す」を中心のテーマにしています。それも日常会話でなくて、読んでいただくとおわかりの通り、「英語で議論ができる」ことを狙っています。

日本の人たちの英語の基礎学力は十分だと思います。だから、話さないのはもったいないのですが、会話で相手の言うことを聴くことはできても、こちらから話す人は少なく、話しても量が乏しくて、本当の意味での会話になっていません。

言うことがないのなら仕方がありませんが、言いたいことはたくさんあるのです。それなのに、相手の言うことを聴くだけで相槌さえもろくにうてず、ましては気の利いたコメントをしたり、鋭い質問を発っする例が極めてまれです。「話す内容」はありながら、話せないで黙っているのは、実にもったいないと思います。

その際に一番重要なのは「速度」で、その要素がまったく不足しています。それなのに「速度不足が重大問題」との点を認識していません。まれに「速度不足」を認識しても、その打開にトレーニングが必要なこと、トレーニングすれば可能になることを知りません。

本書では、その「速度の重要性」を強調し、話すには話す練習が必要であり、しかも可能なことを詳しく述べました。狙いは、「頭の中で英文を高速でつくる」というイメージトレーニングと、実際に英文を口に出して話す「筋トレ」の組み合わせで達成します。

ついでに、「英会話は日本でマスターできる」、「英会話は日本でマスターしておかないと留学がムダになる」というポイントも説明しました。

最後に、本書のできるいきさつと自分自身のことを少し説明します。以前から英語を気にしてはいましたが、現役の医師として活動している時点では、「英語の本を書く」という意識を明確には持ちませんでした。ところが、65歳で定年になって医師の活動を縮小してから、偶然の機会に英語を教える仕事につきました。そうして、「英語とは何か」とくに「英語を話す問題」を考える機会が増えました。そうした経験とメモから生まれたのが本書です。

医師の割には若いときから数学や理科系の種目が好きだとは思っていましたが、「英語が特に好き」とは意識していませんでした。しかし、実際にはたぶん英語が好きなのでしょう。だからこそ、英語を教える仕事を楽しく感じ喜んで続けているのでしょう。

本書に書いたことが読者のどなたにもあてはまることはないかも知れません。しかし、私自身が「どうやら自分は英語が好きらしい」と認識したのは比較的最近です。何ごとにも「好き」は重要な要素ですから、そういう意味では、若い読者のうちのかなりの方々にあてはまるのかもしれません。

英語を話すのは、ランニングや水泳などのスポーツと同じで、基本的には「１人で行うトレーニング」でマスターするものです。読者の方々がそれを認識して「なるほど、こうやれば英語が話せる」と覚って努力してマスターして欲しいと熱望します。

2005年夏

帝京大学　諏訪邦夫

【著者略歴】
諏訪　邦夫（すわ　くにお）
1961●東京大学医学部医学科卒業
1962●東京大学医学部麻酔学教室入局
1963〜66●Massachusetts General Hospital麻酔科レジデントおよびハーバード大学助手
1967●東京大学助手、医学部麻酔学教室
1969〜72●カリフォルニア大学助教授、サンディエゴ校医学部麻酔学教室
1973●東京大学助教授、医学部麻酔学教室
1982、84、88、92●コロンビア大学客員教授、麻酔学
1996●帝京大学教授、医学部麻酔学
2002●帝京大学教授、八王子キャンパス

英会話はスポーツだ　〈検印省略〉

2005年11月5日　第1版発行

定価（本体1,800円＋税）

著　者　諏訪　邦夫
発行者　今井　良
発行所　克誠堂出版株式会社
〒113-0033　東京都文京区本郷3-23-5-202
電話（03）3811-0995　振替00180-0-196804
印　刷　株式会社シナノ

ISBN4-7719-0300-X C3040 ¥1800 E